# モヤモヤをするっと言葉にする

言葉の便秘をなくす
言語化ゲーム

ひきたよしあき

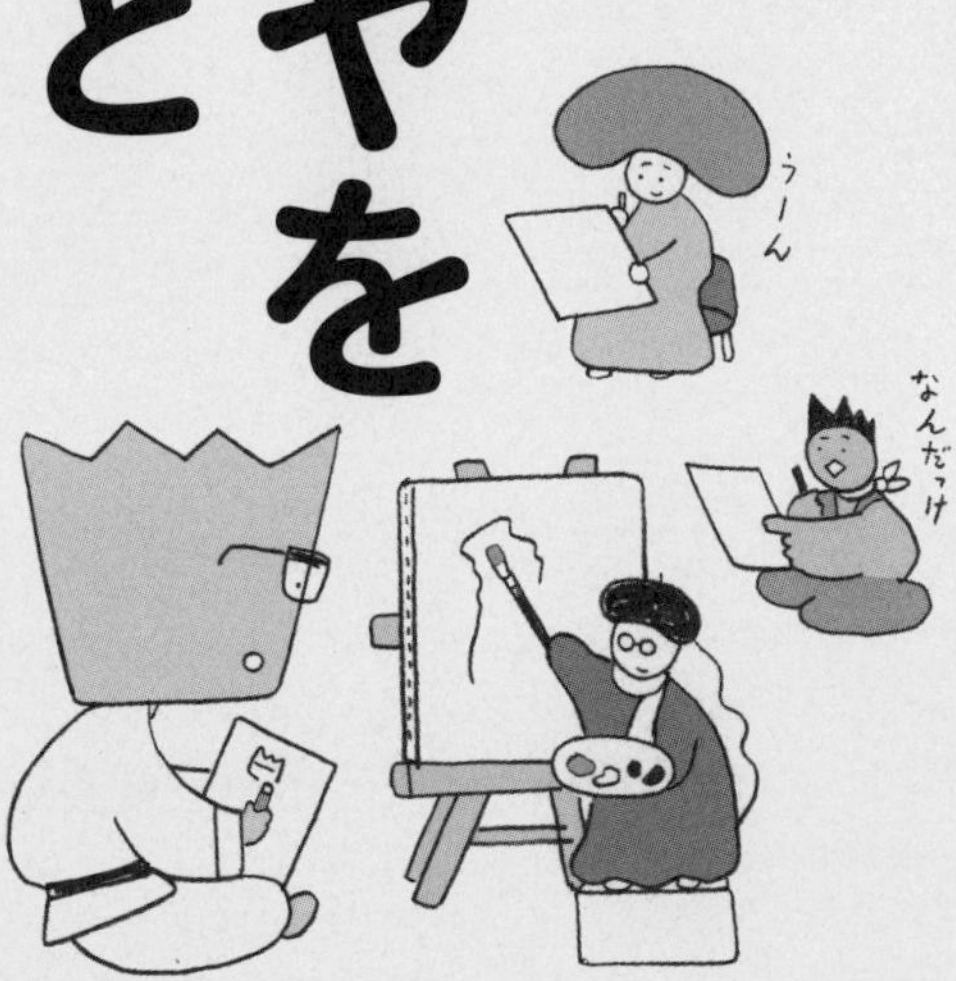


幻冬舎

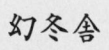

# はじめに

脳は、怠け者です。すぐに疲れ、楽をしたがります。とくに最近は、会社ではチャット、プライベートではLINEで会話することばかり。自分の思いを絵文字やスタンプに肩代わりさせることも増えました。怠けものの脳にとっては、こんなにありがたいことはない。思い出したり、覚えたり、整理する作業を手抜きしてもバレない時代なのですから。会話は「やばい」のひとこと。伝達は「スタンプ」。そしてショート動画を受動的に眺めることで時間を溶かして暮らしている。こんなことをつづけていれば、脳内で「言葉の便秘」が始まります。思い通りの言葉がするっと出てくる快感。これが味わえず、いつもモヤモヤした状態になってしまいます。

本書は、怠けた脳みそに、活をいれます。と言っても、厳しく指導

するわけではありません。あくまでも楽しく。できなくても、落ち込まなくていいんです。愉快に、脳を刺激して、「思いを言葉にするって、簡単だね。楽しいね」と認識してもらえればＯＫ！

楽しむことで、脳細胞はイキイキしてきます。

どのページからトレーニングを始めていただいても結構です。無理はしないように。毎日眺めて、少しチャレンジするだけで、脳が引きしまってくるのを実感できます。

小学生から大学生、ビジネスマン、自衛隊員、僧侶、プロサッカー選手に「言葉の力」を教えているわたしのエッセンスをまとめた本。ご家族、友人、同僚たちとゲーム感覚で使っていただければ効果は倍増するはずです。怠けた脳が、楽しさに目覚め、健康な蠕動《ぜんどう》運動を始めれば、言葉がするするっと出てきます。さぁ、始めましょう。

ひきたよしあき

# 登場人物紹介

## ひきティー

言葉のプロ。言語化に悩む生徒たちを大きな愛で見守り導く。

## モジモジさん

人見知りですぐ顔が赤くなる。自分の意見を言うのが恥ずかしい。

## おしゃべりさん

早口でよくしゃべる。おしゃべり大好きだが内容はほぼ自分の話。

## ふわふわさん

音楽や絵画を愛する芸術家。ひらめき力はあるが論理は苦手。

## カタブツさん

マニュアル通りは得意だけど、クリエイティブは苦手意識あり。

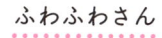

# モヤモヤをするっと言葉にする
## 言葉の便秘をなくす言語化ゲーム

目次

## 4章 自分軸をつくり素直にごきげんに生きる



装幀／石間淳　装画・本文イラスト／須山奈津希
本文デザイン・DTP／美創　校正／黒石川由美
編集協力／鳥海紗緒梨、オフィス201（和田さや加、小川ましろ）

# 1章

# 語彙力をつけて
# モヤモヤを
# 言葉に

自分の思ったことや
感じたことを
人に伝えるのが
とても苦手なんです。
「なんでそう思うの？」
って聞かれると、
しどろもどろになったり、
頭が真っ白になったりして
うまく答えられません。

まずは、心の声を
口に出すことから
始めましょう。

思っていること、考えていることはあるはずなのに、言葉にしようとするとなかなかむずかしいもの。面白い、つまらない、おいしい、まずい……感じたことを端的に言うだけでも会話は成り立ちますが、自信をもって誰かとコミュニケーションをとりたいと思ったら、より的確に伝える言葉が必要です。

思いや考えを言葉にするのが苦手な人は、**頭の中がモヤモヤしている状態**です。波の中に言葉のかけらが浮かんでいて、どれをすくい取ったらいいのかわからないイメージ。一方、言語化がうまい人は、言葉がジグソーパズルのように次々とパチンとはまる人です。

頭の中を言葉にするのがうまくなる近道は、**どんどん口に出して言うこと**。頭の中の波間をただよう言葉は、ぷかぷかと浮いてとらえどころがないままです。それを外に出してみると、自分の思いや考えが客観的に認識され、つづいて言葉のジグソーパズルをどう組み立てたらいいか、だんだんと見えてくるようになります。

そういった「言語化力」は、**トレーニングで身につけられます。**毎日練習すれば、言葉が出てきやすくなります。さあ、思いや考えを口に出す練習を一緒に始めましょう。

# 01 言語化脳をたたき起こす

## GAME
## お風呂で100のつぶやき

支離滅裂でもOK。いま感じていること、今日のできごと、いまの悩み……。
とにかく100個、言葉にして声に出してみる。

Level ★★☆☆☆
Time お風呂の時間で

いま感じていること

### ぼんやりした脳を「声に出す」ことで目覚めさせる

お風呂に入っているときは、ぼんやりとなにかを考えていることが多いでしょう。頭に浮かぶ考えは、意識してつかまえないと、消えていってしまいます。

そこで、お風呂の中で頭に浮かんだことを全部、声に出して言ってみましょう。毎日100個つぶやく練習をすると、**考えを言葉としてつかまえる癖**がつき、**自分の言いたいことをすぐ口**

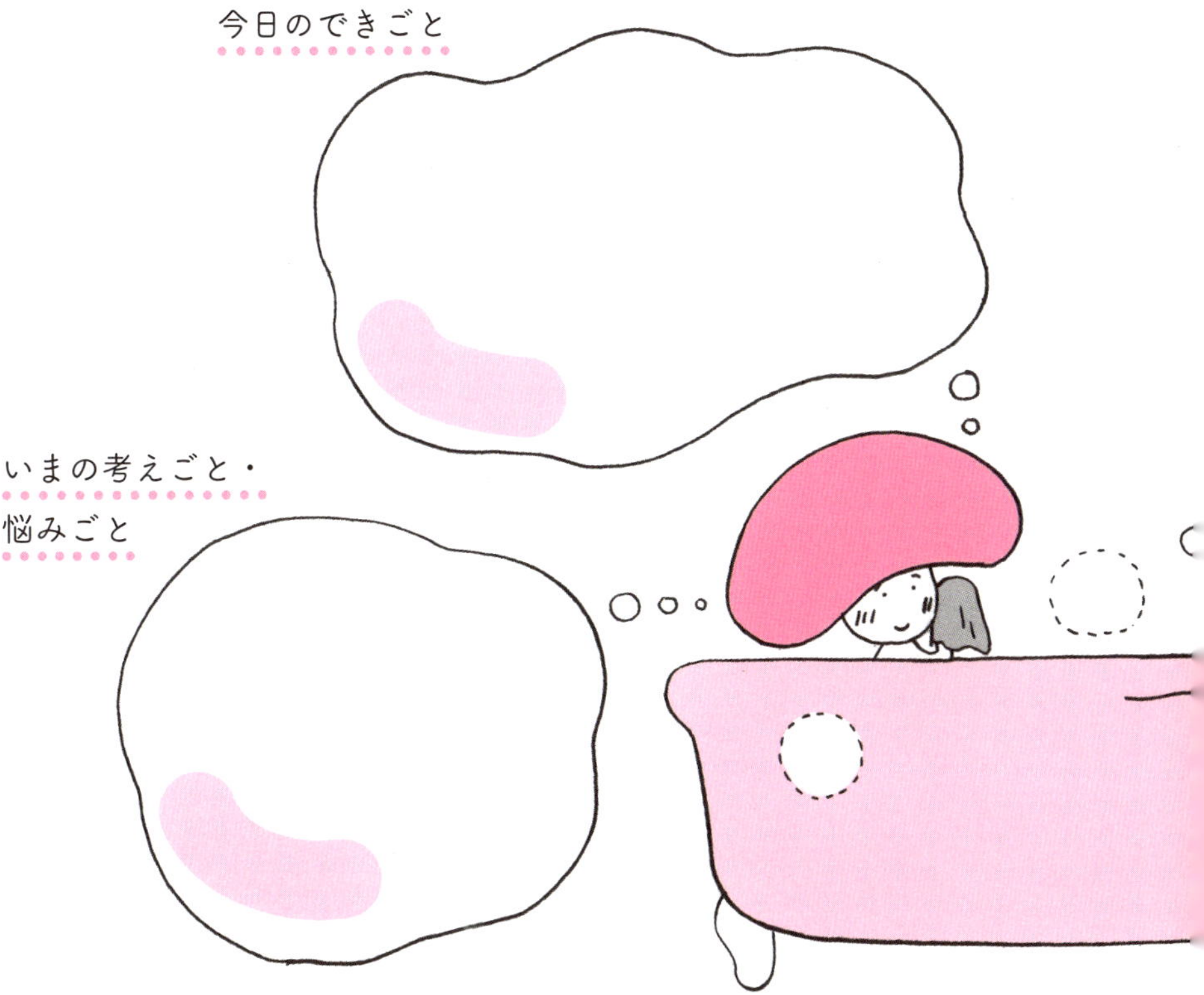


**に出せるように**なります。

頭の中にある考えを言葉にする癖がついていないと、たとえば会議で発言しなければならないときに、自分の考えをすぐにうまく口に出して伝えることができません。誰かが発言したときに「わたしもそう思っていた」「わたしが言いたかったことだ」ともどかしさを感じても、口に出さない考えは他者から見るとないものと同じなのです。

思ったことをどんどん声に出して、**脳を目覚めさせましょう。**

# GAME

## 10個思い出し、花束をうめつくそう

まずは花の名前を10個思い出してみよう。クリアしたら国、色、フルーツ……。身近なほかのテーマの名前にも挑戦。

Level ★☆☆☆☆

Time 30秒

# GAME

## 「わたしのベスト10」をつくる

Level ★★☆☆☆
Time ひとつにつき30秒

好きな本や映画、音楽、食べ物、スポーツ、動物、行きたい観光名所など、興味・関心のあることでベスト10をつくる。

行きたい
観光名所10選

好きな曲の
タイトル10曲

好きな映画の
タイトル10本

好きなフルーツの
名前10種

好きなアイスクリームの
フレーバー10種

好きなタレントの
名前10人

### 30秒で思い出す！スピード感が言語化脳を活性化

インターネットなどで目の前にあふれる情報を受け取って処理することが多いと、頭の中の記憶を思い出して**アウトプットする機会が少なくなりがち**です。すると、思い出す力が衰えてしまいます。

制限時間30秒で、ひとつのテーマに対して10個の事柄を思い出してみましょう。思い出そうと脳を働かせることで脳が活性化し、言葉が出てきやすくなります。

# 03 ボソボソからスラスラへ

GAME

## なりきり実況アナウンサー

実況アナウンサーになったつもりで、五感を働かせ、目に映るもの、聞こえる音、感じたことを言葉に出していこう。

Level ★★★☆☆

Time 通勤・通学時間で

向かいから
犬を連れた
おじいさんが
歩いてきます

## 文章化の筋トレで自分の思いを伝えられるように

思い出す力（P12）が鍛えられたら、次は**単語を組み合わせて文章で話す**練習をしましょう。通学や通勤の中で、目に映る景色をひとつひとつ実況中継します。できれば声に出してつぶやくのがベスト。

文章で話すと、**自分の思いや考えが相手に伝わりやすくなります**。コミュニケーションがとりやすい相手として認識されると、信頼されやすくなるでしょう。

04
# スタンプ会話は言語化の敵

GAME
## バグ発生！　スタンプが使えない

トーク中、とつぜんスタンプが送信できなくなった！
スタンプの代わりになるメッセージを急いで考えて！

Level ★★☆☆☆
Time 30秒

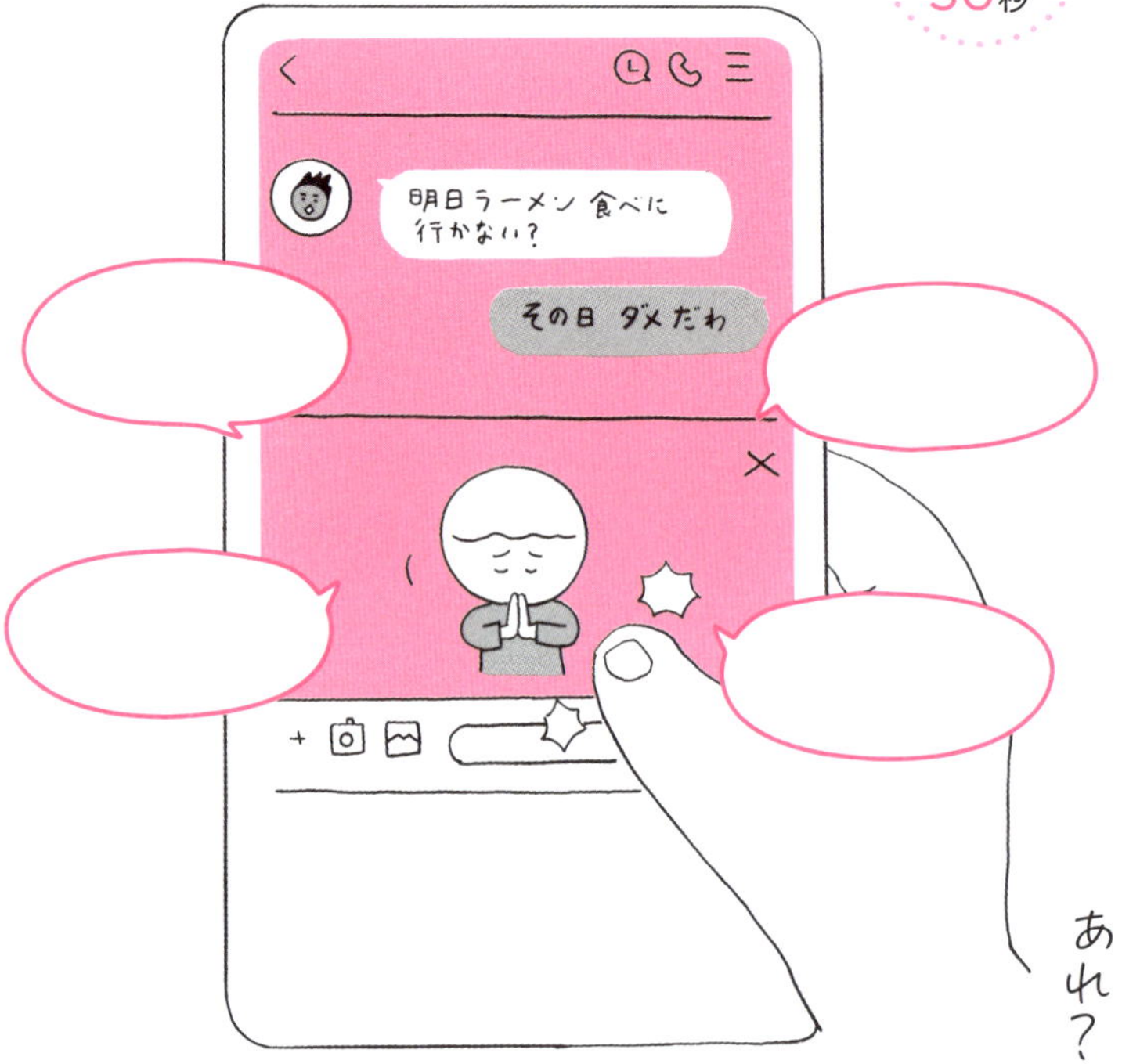

# GAME

## よく使うスタンプを言語化すると？

Level ★★☆☆☆

Time ひとつにつき30秒

下から、あなたがよく使いそうなスタンプを3つ選んで、そのスタンプの代わりになるメッセージを考えてみて。

### スタンプは受け身会話の原因に！

SNSではスタンプで気持ちを表すこともできます。

しかし、用意されたスタンプを選んでタップすることは**受け身の行動**であり、自分の気持ちを言葉にできてはいません。

そこで、**「スタンプでなにを伝えたいのか」を言葉に置きかえる**練習をしてみましょう。相手の気持ちを読む力もついて、深読みしすぎたりすれ違ったりすることが少なくなります。

# 05 「口癖」に逃げ込まない

## GAME
### 「やばい」を因数分解

「やばい」「すごい」「かわいい」など、言語化回路を断ち切る言葉が出たら、その理由を2つつけ加える。

Level ★★☆☆☆
Time 15秒

例

やばい!
＋
高さが30cm
はあるし、
＋
フルーツが
ごろごろ入って
ぜいたく!

## 形容詞会話は言語化力を低下させる

「やばい」「すごい」「かわいい」などの形容詞で会話をするのは、見たものや人から言われたことに対して、反射的に自分の感想を言っている状態です。**受け身の反応**であり、言葉の解像度が低い、つまり自分の思いや考えが具体的に表現されているわけではありません。

普段「やばい」ばかり言っていると、そこで思考が止まってしまいます。かし

こまった場で、「やばい」を使わずに自分の思いや考えを話そうとすると、**言葉が出てこない**ことも。

そこで、「やばい」と言いたくなったら、なぜやばいのか、どのようにやばいのか、理由をふたつつけ加えてみます。**「やばい」以外で自分の思いや考えを伝える**訓練をつづけるうちに言葉の解像度が上がってきます。

GAME

# かけたら世界がくっきり！　具体化グラス

ひとつの物事を「五感」「情景」「経験」という
3つの視点で見直す。ぼんやりした感想を具体的なものに。

Level ★★★☆☆
Time ひとつにつき 15秒

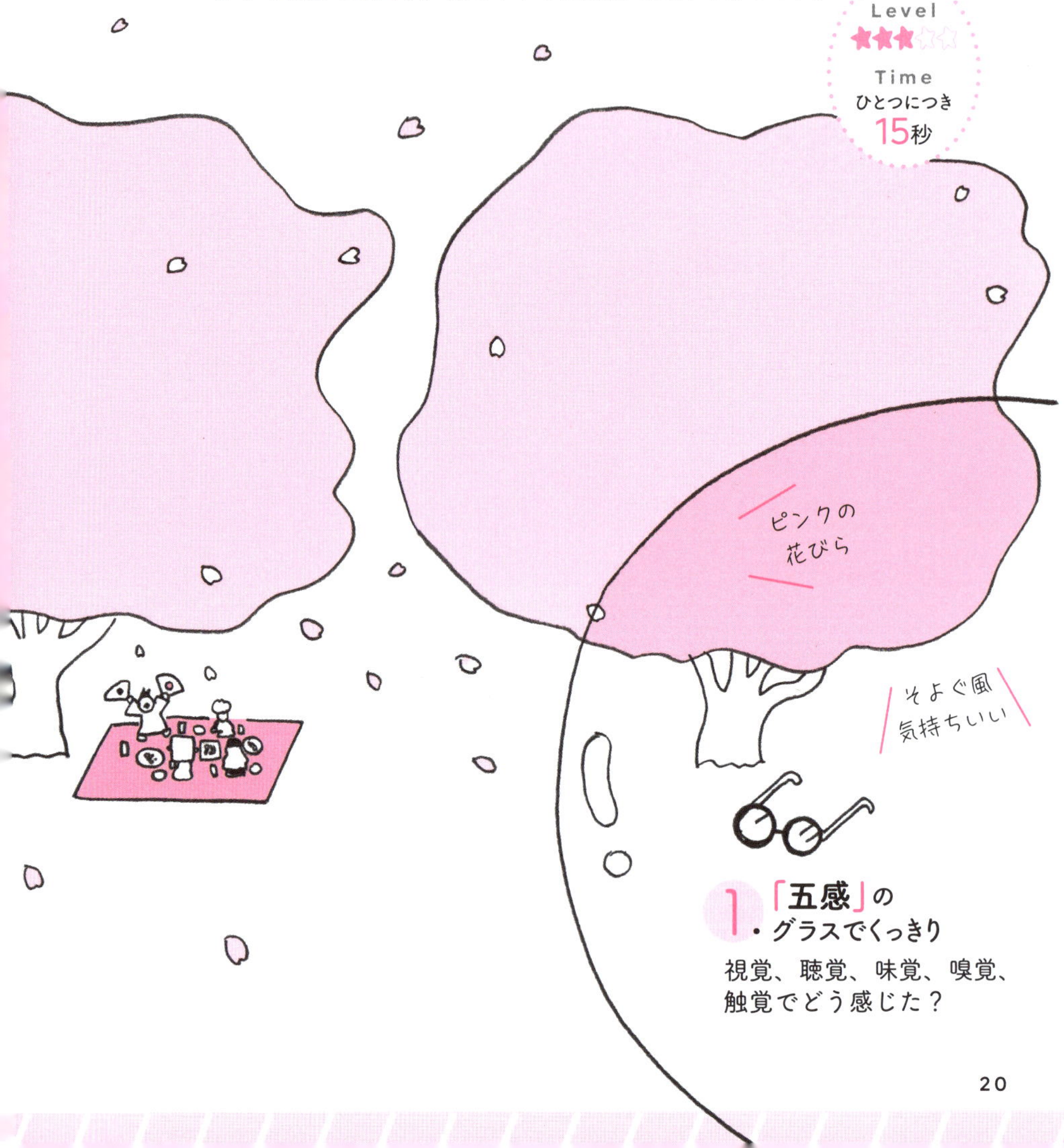

ピンクの
花びら
そよぐ風
気持ちいい

## 1 「五感」のグラスでくっきり

視覚、聴覚、味覚、嗅覚、触覚でどう感じた？

## 2.「情景」のグラスでくっきり

周囲の雰囲気や、
まわりの人の表情は？

子どもが
無邪気に
遊んでいる
かなりの
にぎわい
家族でした
花見を思い出す
いままでの
花見史上一番の
盛り上がり

## 3.「経験」のグラスでくっきり

自分の経験と比較して
どうか？

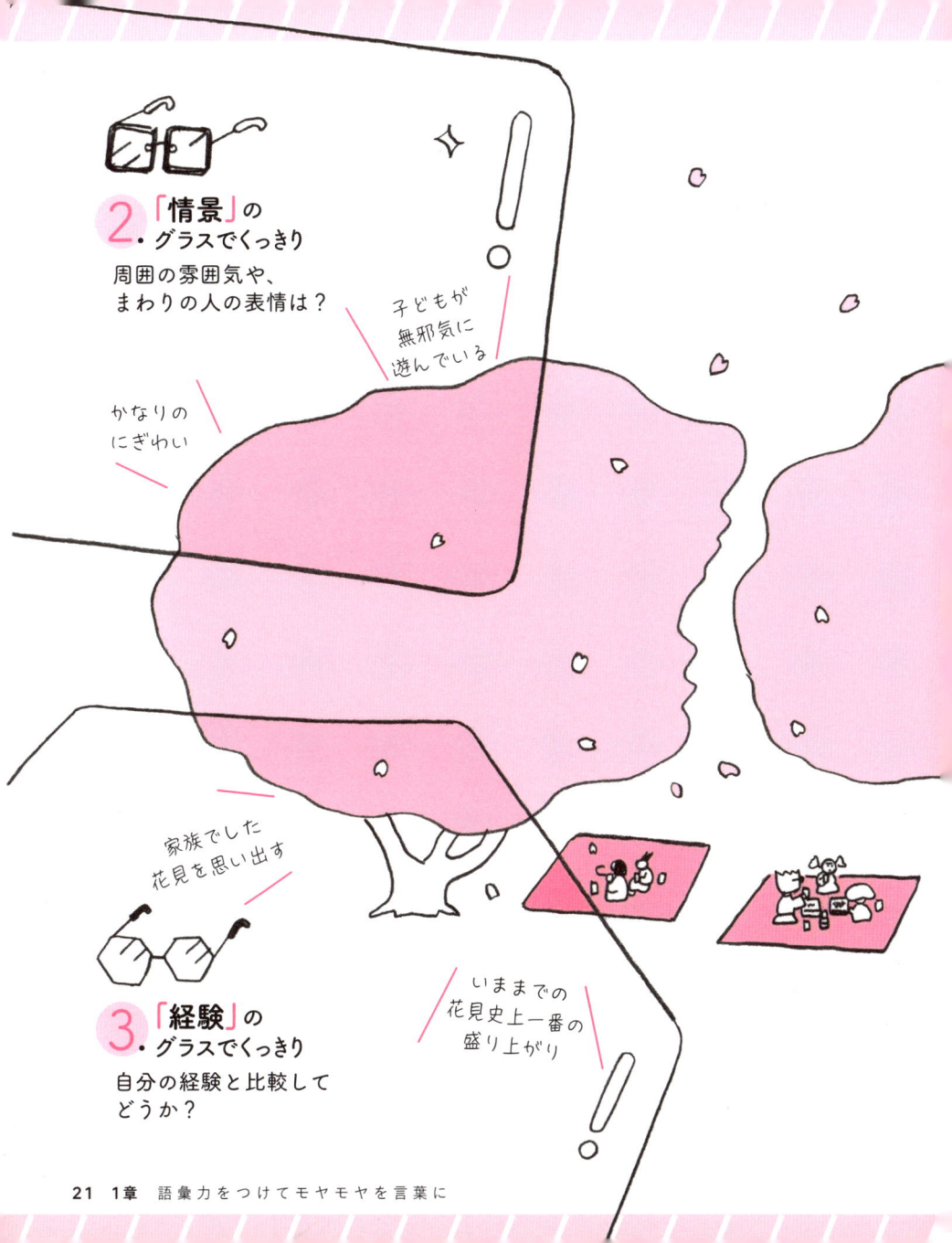

# 06 イメージを即言葉に

## GAME 言葉マグネット

見たもの、感じたことを即言葉に。さらにその言葉から連想するイメージを、マグネットのように連ねていく。

Level ★☆☆☆☆

Time 30秒

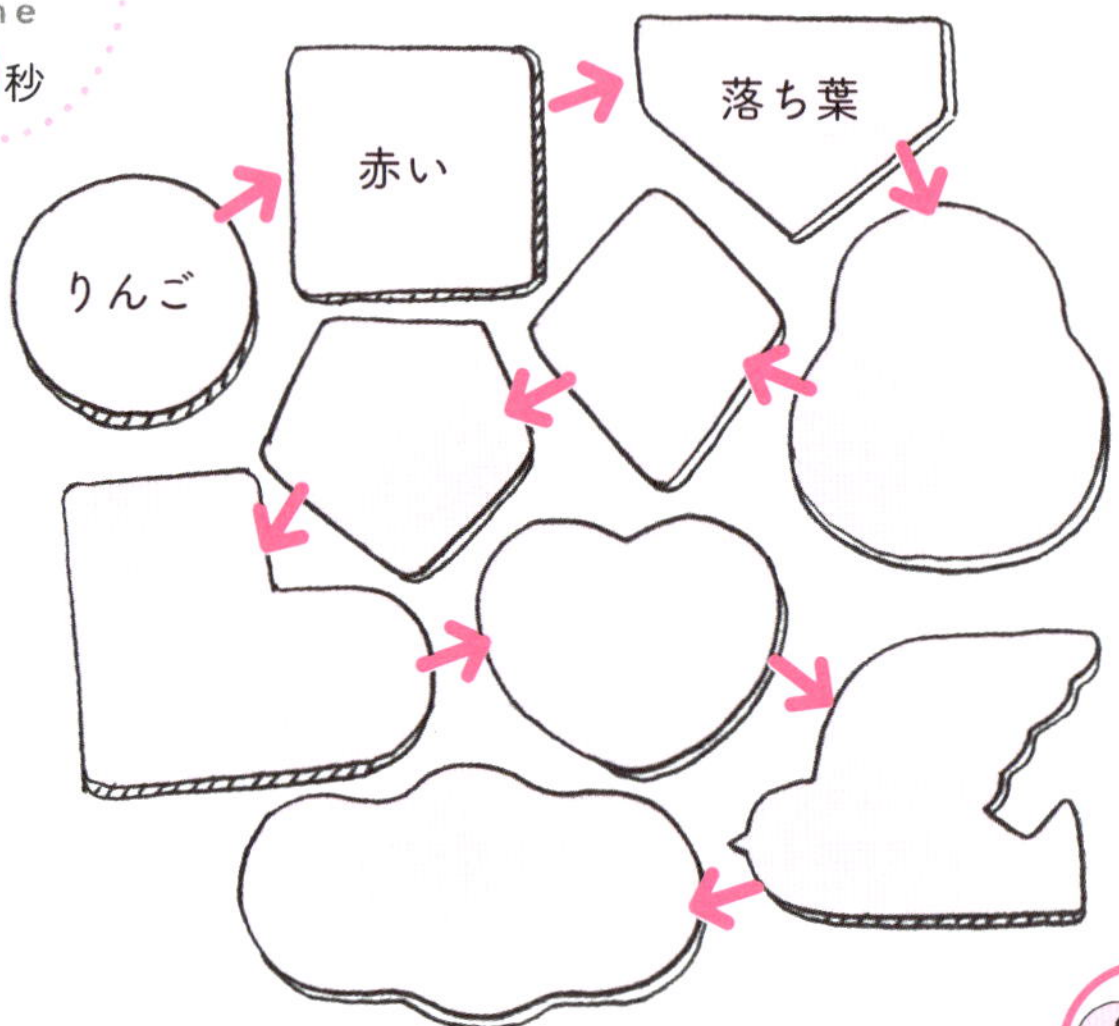


### モヤモヤからピッタリくる言葉をキャッチ

思いや考えをうまく伝えられない背景のひとつには、**自分の気持ちがわからない**ということがあります。

そこで、見たものや感じたことを、次々と言葉にする練習をしてみましょう。すると、**自分の気持ちを即座にキャッチ**できるようになってきます。これが上手になると、思いや考えを伝えやすくなります。

GAME

## エンドレス言葉マグネット

「五感」「情景」「経験」の3視点（P20）で、ひとつの場面から言葉を連想する。
出てきた言葉をさらに3視点で細かくしていく。

Level ★★★★★
Time
2nd Stage
までで3分

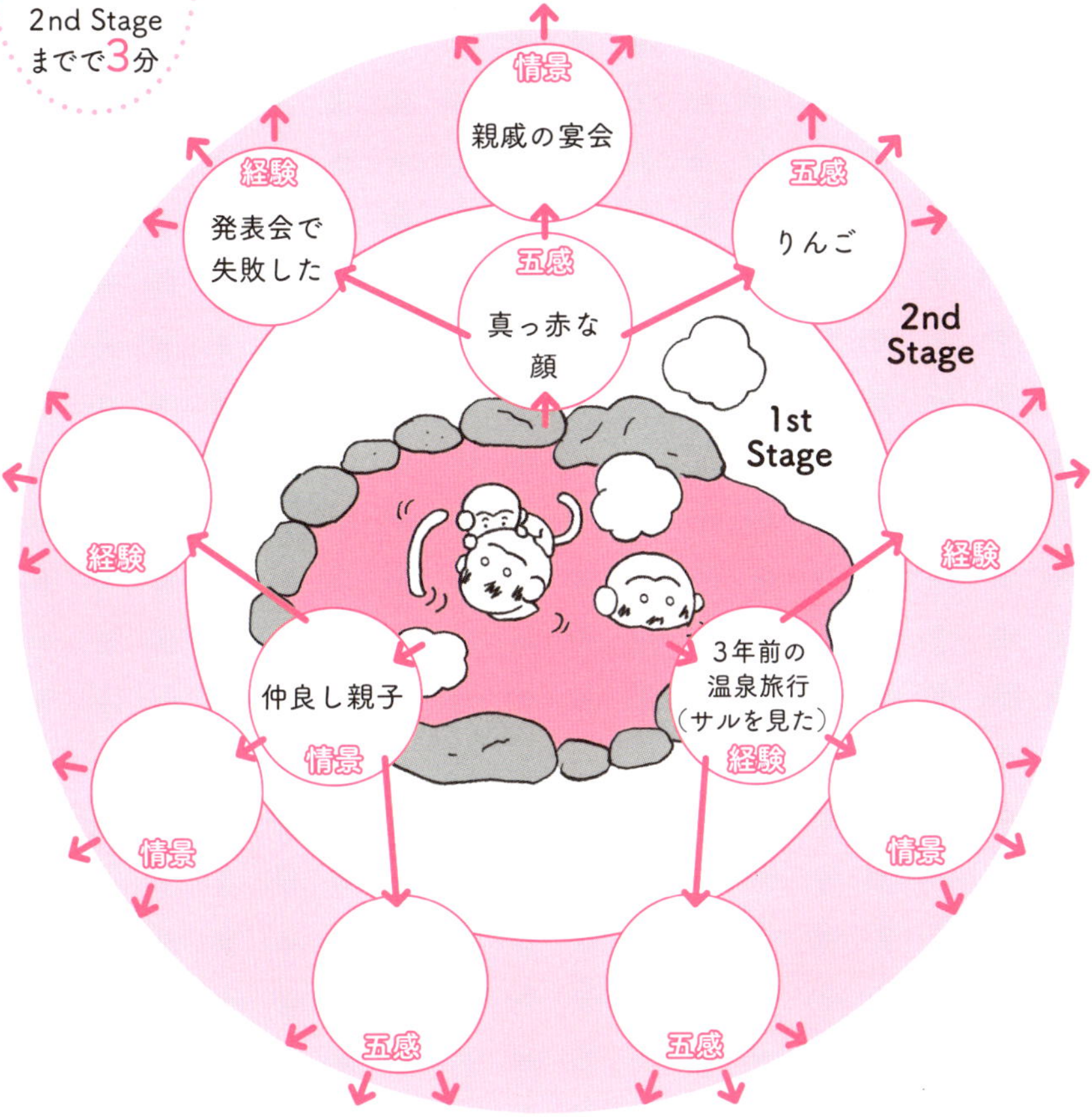

GAME

# なりきりカフカ

カフカの書く小説のように不条理なワンシーンにつづく接続詞を選び、
話を展開させてハッピーエンドでしめくくる。

07

発想をゆたかに

Level ★★★☆☆

Time 時間制限はなし

**電車に乗ったら、**
**すべての乗客が魚だった**

## 偶然の力で適当に話をつづける

人と会話をしたり、その中で相手の言葉を受けて自分の思いや考えを伝えたりするには、**頭の瞬発力**が必要です。瞬発力を鍛えるために、物語を展開させる練習をしましょう。

ちゃんとしたことを言わないといけないと思うと、言葉が詰まりがちです。**いったんロジックを忘れて**強制的に物語を考えることで、頭がやわらかくなり、言葉が出てきやすくなります。

あみだでつづきの接続詞を選んで！

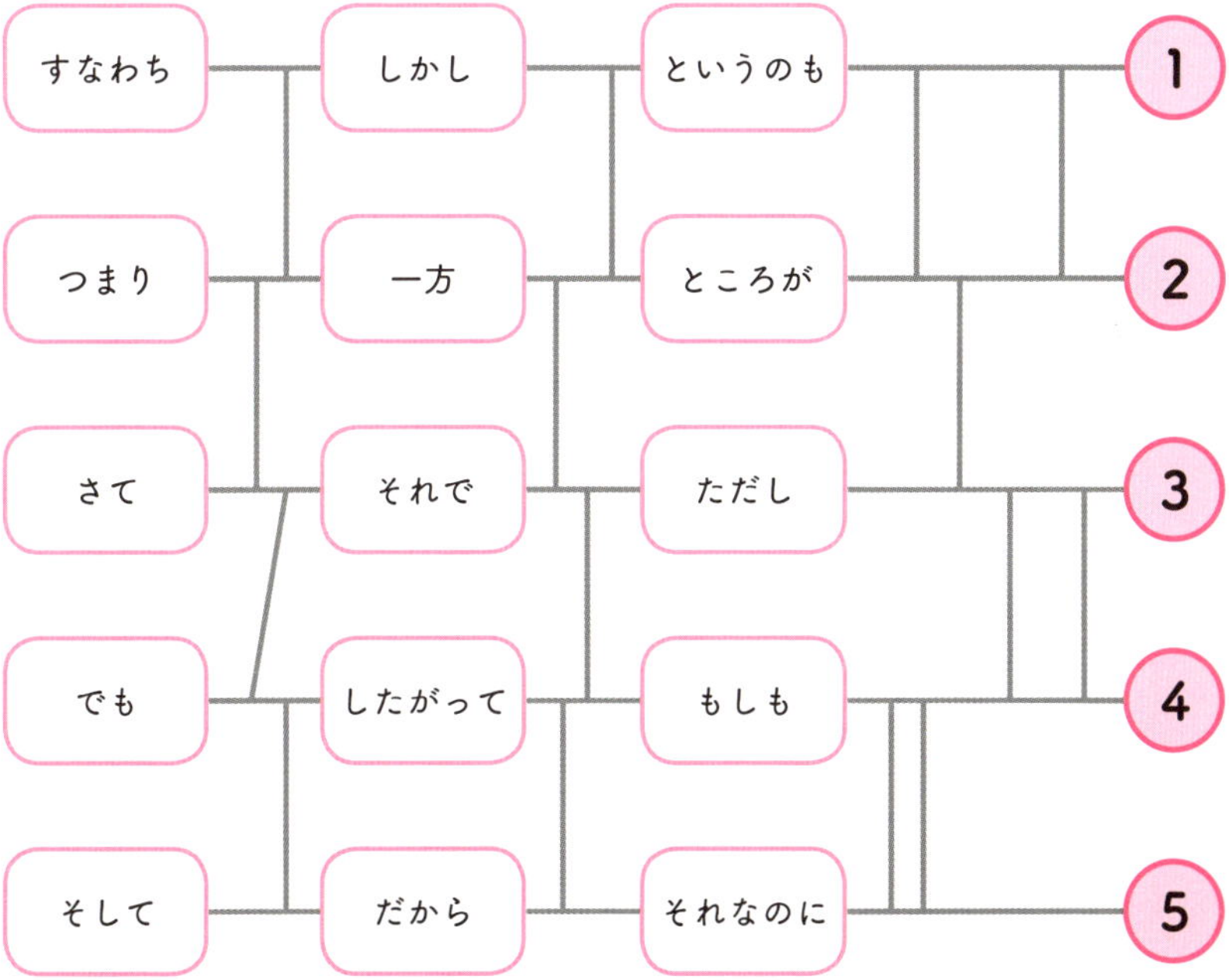
すなわち
しかし
というのも
1
つまり
一方
ところが
2
さて
それで
ただし
3
でも
したがって
もしも
4
そして
だから
それなのに
5

# 08 新たな話をつくり出す

## GAME
## 『桃太郎』スピンオフ

『桃太郎』の続編や番外編を考える。
ほかにも、誰でもよく知っている
物語のスピンオフを創作してみよう。

Level ★★★★☆

Time 時間制限なし

スピンオフ
『ヒーローの影』
～英雄の知られざる過去や秘密に迫る！～
スピンオフ
『静かなる暗殺者』
～孤独な使命を背負った男の素顔を暴く～

## いまある話から まだない話を つくり出す

自分の思いや考えを相手に伝えるときに、話全体が**流れのある物語**になっていると、相手が積極的に聞きたくなります。

　この練習として、すでにある物語のつづきを創作してみましょう。**想像力や表現力がゆたかに**なると共に、誰かと一緒にやってみると、人それぞれ違う物語をつくることがわかり、多様な思考や表現の学びにもなります。

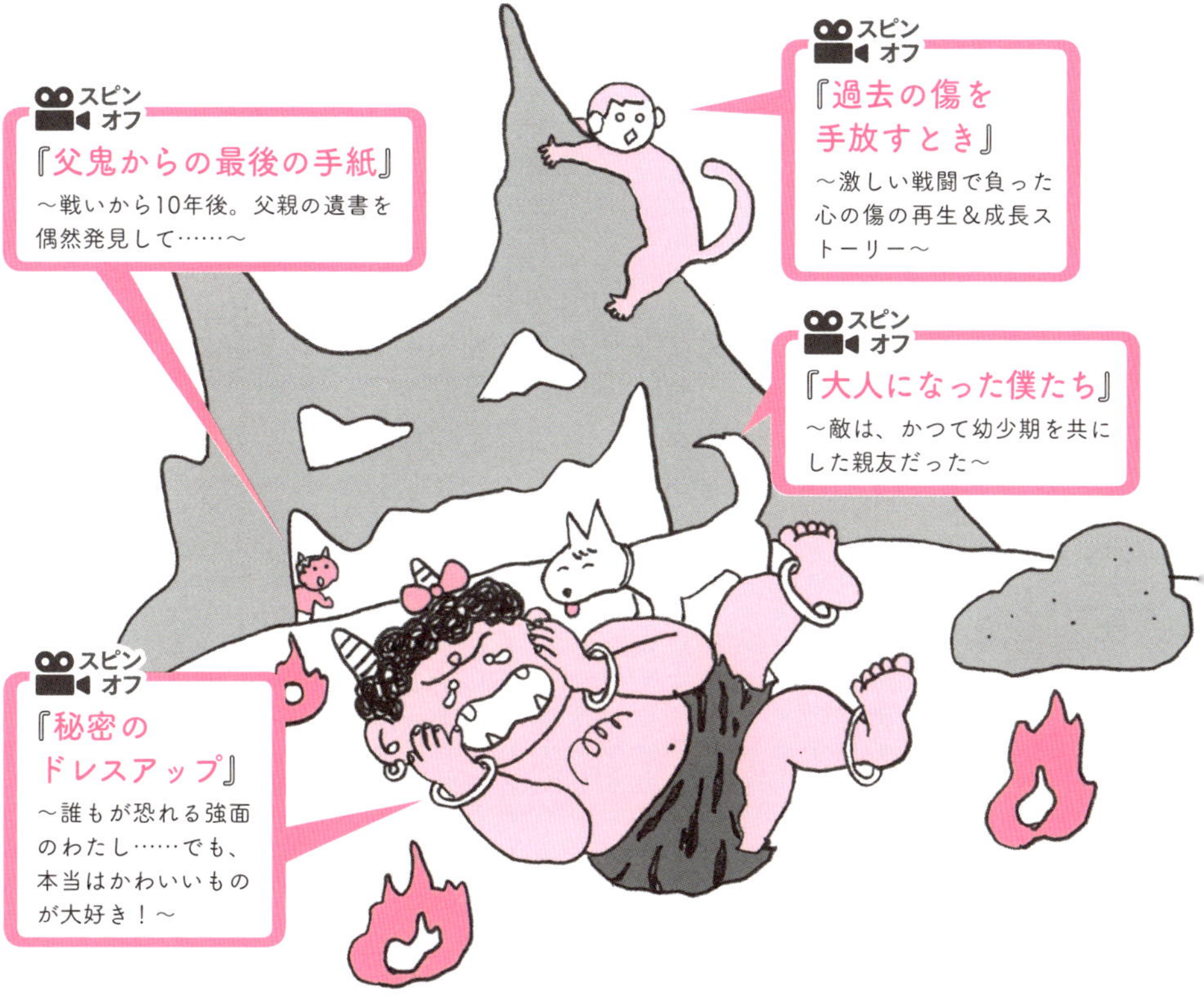

スピンオフ
『過去の傷を手放すとき』
～激しい戦闘で負った心の傷の再生＆成長ストーリー～
スピンオフ
『父鬼からの最後の手紙』
～戦いから10年後。父親の遺書を偶然発見して……～
スピンオフ
『大人になった僕たち』
～敵は、かつて幼少期を共にした親友だった～
スピンオフ
『秘密のドレスアップ』
～誰もが恐れる強面のわたし……でも、本当はかわいいものが大好き！～

Column

## コロナ禍で
## みんな言語化が苦手に

コロナ禍では、対面で人と話をする機会がぐっと減り、チャットなどで自分の思いや考えを伝える機会が多くなりました。感染リスクを避けながら意思疎通ができるツールが普及して助かった反面、チャットに頼りすぎたことで、自分の思いや考えを言語化するのが苦手な人が増えたように思います。

背景には、顔が見えないこと、スピードの速さ、スタンプや動画の発達があります。対面で話すときは、相手の表情や仕草などの反応を考慮しながら話します。しかし、チャットだと顔が見えないので、相手の反応を気にしなくてすみます。すると、いざ人に会って話すとき、相手の反応が過度に気になって言葉が出てこなくなってしまう、という学生を多く見てきました。

スピードの速さも、要因のひとつです。チャットのやりとりはスピードが速いので、考えている暇はあまりありません。簡潔な言葉で会話を前に進めることが求められます。すると、自分の意見を深く考える習慣がなくなっていきます。

コロナ禍で対面で話す機会が減り、伝える力や考える力がまずしくなったのと同時に、技術が言葉を代替したことで、言語化する力が育ちにくい状況であったと言えます。

# 2章

# 自分の常識を捨てユニークな意見をもつ

意見を求められると
困ってしまいます。
そもそも意見ってなんですか？
言いたいこと？
あまりありませんね。
言っても、「普通だね」と言われて
がっかりされるから、
言うのがイヤになって
しまいました。

〝しばり〟を設けると、
いままでにない意見を
出せるようになります。

言いたいこと、伝えたいことが思いつかない人は、実は「考える」ことに慣れていないのかもしれません。

社会人に必要な「考える力」とは、**「多くの視点をもち、さまざまな答えを探すこと」**です。そして、なぜその答えにたどり着いたのか、論理的に理由を語れることが求められます。たくさんの答えを比べたり、他者と意見を交わしたりして、よりよい答えを導き出していくためです。そのためには、いったん自分の常識を捨て、他者の視点で考えたり伝えたりすることが必要です。

自由な発想でゼロから考えようとして、詰まる人もいるでしょう。しかし、自由な発想で考えるのは誰でもむずかしいもの。広く漠然と考えていると、アイデアは出てきにくいのです。たとえば、「環境問題について考えよう」と思っても、なにから考えたらいいのか迷ってしまいます。そこで、「環境問題の中でもとくに海について考えよう」と制約を設けると、アイデアが出てきやすくなります。

**決まりきった自分**でいる限り、思考力は成長しません。普段と違う考え方で自分の頭に負荷をかけると、思考力を育てることができます。**他者の視点や制約**を設けて考える癖をつけていきましょう。

01 フォーカスで発想力を高める

GAME

## ○○しばりで自己紹介

下に挙げたしばりを設けて、自己紹介をしてみよう。
数字、漢字、色……これ以外のテーマも考えてみて。

Level ★☆☆☆☆
Time 1テーマ 30秒

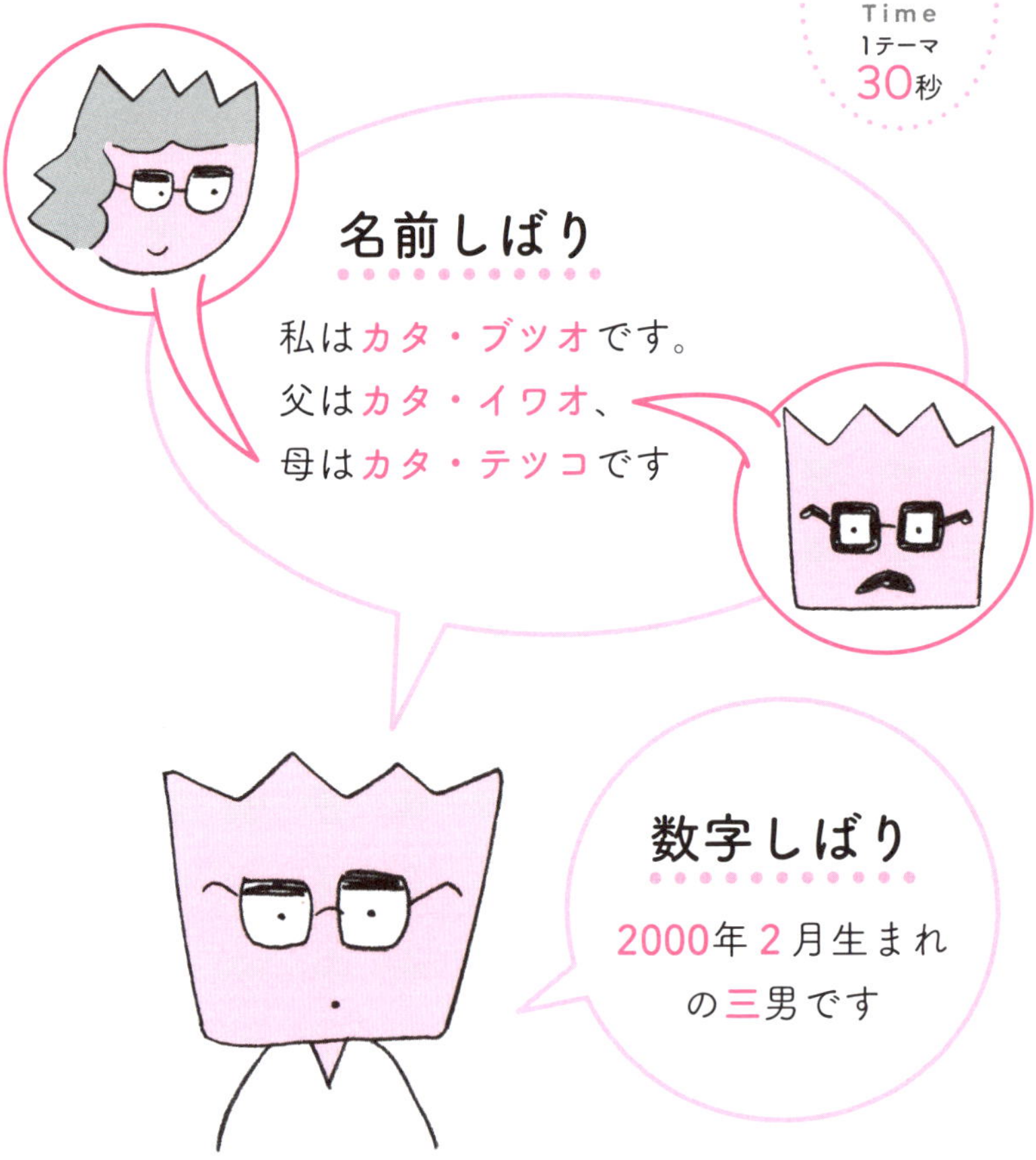
名前しばり
私はカタ・ブツオです。
父はカタ・イワオ、
母はカタ・テツコです
数字しばり
2000年2月生まれ
の三男です

## テーマ設定で話題をせばめたほうが内容が充実する

いつもと違う視点で考える訓練の第一歩として、「数字」や「色」などテーマを決めて自己紹介をしてみましょう。制約を設けると、**普段は思いつかないようなアイデア**が出てきて、自己紹介の内容も変わってきます。自己紹介で訓練し、思考力を鍛えれば、仕事にも応用できます。たとえば、商品の魅力を伝えるときに、**複数の視点で自分の意見を深ぼり**できるようになります。

### 地名しばり

岩手県生まれですが、
中学卒業後、石川県
に引っ越しました

### 色しばり

ピンクがきれいな
桜の季節に
生まれました

### 音楽しばり

ロック大好き！
ローリング・ストーンズ
最高！

### 食べ物しばり

好物はせんべいです。
苦手なのは
ババロアです

GAME

## 「わたしはとんでもない○○である」構文

自分を「いま目の前にあるもの」にたとえて自己紹介をする。
たとえるものはあなたからとんでもなく
かけ離れているほどGOOD。

Level ★★☆☆☆

Time 30秒

わたしはとんでもないたわしである。
普段はトゲトゲして人と衝突しがちですが、
任された仕事はしっかりやり遂げます

○○に入るのは
なんでもOK

GAME

## Aとかけて B と解く、その心は？

Level ★★★☆☆
Time 30秒

Aからとんでもなくかけ離れている B を設定し、
なぞかけ問答をしてみよう。

A
「たわし」とかけて
B
「新入社員」と解く
その心は？
どちらも「これから磨く」ものでしょう

# 02 ただ「見る」ではなく観察する

## GAME

### とつぜんお絵かき　キャラクター編

なにも見ないで、誰でも知っているアニメのキャラクターや動物、食べ物などを描いてみよう。

Level ★☆☆☆☆

Time 30秒

お題 1 パンダ

白黒模様の位置は？

トサカの形は？

お題 2 にわとり

お題 3 パイナップル

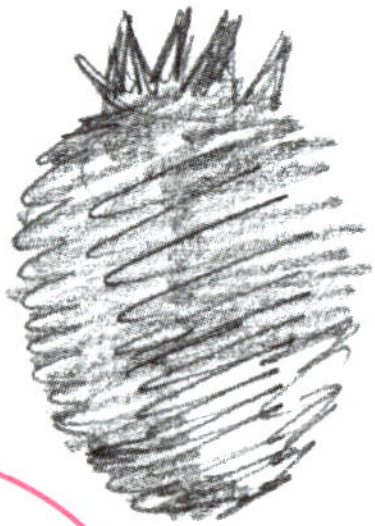

描けたら、実物の写真を見て答え合わせ！
どれくらいリアルに描けたかな？

## GAME

## とつぜんお絵かき　観光名所編

Level ★★☆☆☆

Time 1分

なにも見ないで、有名な観光名所やランドマークなどのイラストを描いてみよう。

GAME

## とつぜんお絵かき　答え合わせ編

先ほどのお題（P37）の写真を見て答え合わせ。
10秒見たら写真を隠して、もういちどなにも見ずに描いてみよう。

Level ★★★☆☆
Time 3分

10秒
見て！

# GAME

## 言葉スケッチ

今度は目をつむって、先ほどのお題で描いた観光名所やランドマークを言葉だけで描写してみよう。

Level ★★★☆☆
Time 1分

手に持っているものは？
表情は？
大きさは？
まわりになにがある？

### 観察すると気づきが生まれ、意見がもてる

突然お題を与えられて絵を描ける人と描けない人の違いは、**観察力**です。物事をすみずみまで見て、具体的な特徴をとらえるように観察する習慣をつけましょう。観察力が鍛えられると、**前後の変化やほかとの違いに気づける**ようになり、その対象のことをよく知ることができます。さらに、言葉で描写し記憶することをつづけると、自分の意見を言えるようになってきます。

03

# 他人の頭で考える癖をつける

## GAME

### このかるたの読み札は？

アニメキャラ、アイドル、スポーツ選手……。
あなたの推し5人なら、下のかるたを
どんな読み札で読むか考えてみよう。

Level ★★★★☆

Time
1回答
30秒

推し 1
あなたの好きな
アーティスト
推し 2
あなたの好きな
お笑い芸人
ねぎはどこまでも
推し 3
あなたの好きな
YouTuber
推し 4
あなたの好きな
アイドル
推し 5
あなたの好きな
俳優

GAME

## 道に１万円が落ちていた！

家庭、職場、学校などの身近な５人をイメージし、
それぞれの人が次にどういう行動をとるか考えてみよう。

Level ★★☆☆☆
Time ひとりにつき 15秒

### なりきることで自分の枠から抜け出してみよう

自分の知識や見ている物事の範囲は限られていて、**自分の考えだけではいいアイデアや企画は生まれません**。ほかの人の発想を取り入れる癖をつけましょう。

それぞれの人の経験や置かれた立場によって、求めるものや考え方が異なります。あの人ならどう考えるだろう……と他人になりきって考え、自分の価値観を飛び出し、**発想の幅を広げる**練習を重ねていきます。

GAME

## 嵐をよぶブルーハワイかりんとう

あなたはお菓子メーカーの商品企画部。
あなたの新商品案に会議で賛否両論あるようだ。それぞれの立場の人が、
どんな意見を言っているか考えてみよう。

Level ★★★☆☆
Time ひとりにつき 30秒

# 04 すべての行動に理由をつける

GAME

## 「○○なので××した」ゲーム

自分が無意識に行っていることを「○○なので××した」と
理由をつけて説明していく。主語を三人称にすると、文にしやすい。

Level
★★☆☆☆

Time
出先から家に
帰るまで

START
退社!
カタブツ氏は
歯が痛かったので
夜ごはんはうどんにした
ATM
カタブツ氏は
給料日だったので 銀行で
お金をおろした

GOAL
カタブツ氏は雨が降ってきたのでバスに乗った
カタブツ氏はコーヒーが飲みたかったが夜なのでノンカフェインにした

## なんとなくですませない。考える癖をつける

自分の行動や考えに対して、「なぜ」と根拠や理由を聞かれたときに、うまく説明できないことがあるでしょう。それは、無意識にその行動や考えを採用しているから。とっさに答えられなくても、**深く考えてみると必ず理由はある**はずです。普段から何気ない行動のひとつひとつに理由をつける練習をしましょう。**物事を深く考える**癖がつき、言葉で伝えられる力がつきます。

# 05 物事を具体的に考える

## GAME

### 勝手にプロフィール

電車やバスで、偶然乗り合わせた目の前の人の架空プロフィールを想像して、以下のシートを埋めてみよう。

Level ★★☆☆☆

Time 時間制限はなし

Profile
名前
年齢
職業
家族構成
誕生日
ニックネーム
趣味
好きなバンド

# GAME

## 落とし物ペルソナ

Level ★★★☆☆

Time 5分

落とし物からできる限り情報をかき集め、
落とし主がどんな人物なのか、
「ペルソナ」を考えてみよう。

**○○スーパー**
領収書

| | |
|---|---|
| バナナ | 150 |
| トイレットペーパー | 500 |
| 高級チョコレート | 800 |
| ねこ缶 | 300 |
| 釣り糸 | 200 |
| 小計 | ¥1,950 |
| 消費税（8%） | ¥76 |
| 消費税（10%） | ¥100 |
| 合計 | **¥2,126** |
| お支払い | ¥2,126 |
| おつり | ¥ 0 |

**レシートを落としたのは、どんな人？**

- 名前
- 年齢
- 職業
- 家族構成
- 趣味
- マイブーム
- 大事にしていること
- 好きな有名人
- 好きな食べ物
- ペットの名前
- 朝型 or 夜型

など

### 誰かを想像するとより具体的な考えをもてる

「ペルソナ」を想像すると、**具体的な案**が思いつきやすいです。

「ペルソナ」とはラテン語で「人」、ビジネスでは「商品開発の際に設定する架空の顧客」を指します。

具体的なプロフィールを想像してみると、その人の**気持ちや欲しいもの**などがありありと見えてきます。

Column

## 会話って案外気楽なもの

初対面の人や目上の人と会話をするとき、「ちゃんとしたことを言わないといけない」というプレッシャーで黙ってしまう人がいます。正しいこと、面白いことを言わなければ、という思いが強いと、考えすぎてなにを言ったらいいかわからなくなります。

また、なにか言おうとしても「いま話すことではない」と自分で勝手に判断し、のみこんでしまう人もいるようです。場の空気を悪くせず穏便にすませたい、発言の責任をとりたくない、という気持ちが先走ってしまうのです。

ここにも、コロナ禍で対面の会話が減ったことの弊害が現れているように思います。相手の顔が見えないコミュニケーションで、相手の意図を深読みする癖がついてしまったのでしょう。深読みすると、しばしば実際と違う悪いほうに向かいます。

そこで、ちょっと相手の気持ちに目を向けてみましょう。実は、相手はあなたとただ雑談をしたいだけで、“ちゃんとしたこと”は求めていないことが多かったりします。目の前の“あなた”と話したいだけなので、自分が思ったままの素朴な言葉で構いません。あまり気負わずに、「会話って案外気楽なものなんだ」という気持ちで話してみましょう。

# 3章

# 簡潔&ロジカルに
# わかりやすく
# 伝える

人から「よくしゃべるね」
と言われます。
でも、たくさん話しているのに、
相手の反応がイマイチ。
アレ？　と思うと、
相手はスマホを見ていたり、
ぼくの話が
スルーされていたり。

言いたいことは
3つまで。
3を意識して話してみよう。

必死に考えたり伝えたりするけれど、いまひとつ伝わっている感じがしない……そんなときは、あなたの一方的な話になっている可能性があります。考えながら話していると、あれもこれも言いたくなって、話がふくらんでいきます。気づいたら、たくさんしゃべりすぎていることも。情報量が多くなり、整理されない情報が切れ目なく出てくると、聞き手は処理しきれなくなってしまいます。相手に確実に伝えるには、要点をしぼって簡潔に話すことが大切です。

そのためには、伝えたいことを3つにしぼるということを意識してみましょう。たとえば、プレゼンテーションで「この製品はこんな時流の中で生まれました」「こんな特長があります」「だからこんな価値を提供します」と3つの要点にしぼって話すと、聞き手の頭にすんなり入りやすくなります。

自分の思いや考えを口に出すのは、誰かに伝えるためです。相手に伝わるまでが「言語化」です。自分の思いや考えを構造化して、要点をしぼり、相手が理解しやすいように伝えることを心がけましょう。聞き手の立場になるときも、相手の話のキーワードを3つ覚える習慣をつけると、要点をしぼる練習になります。

GAME

# 人気スポットまで道案内

01 わかりやすく人に伝える

Level ★☆☆☆☆

Time 1スポット 15秒

あなたは駅の観光案内所のスタッフ。
お客さんが、駅から3つの人気スポットに
たどり着けるよう、言葉だけで案内してみよう。

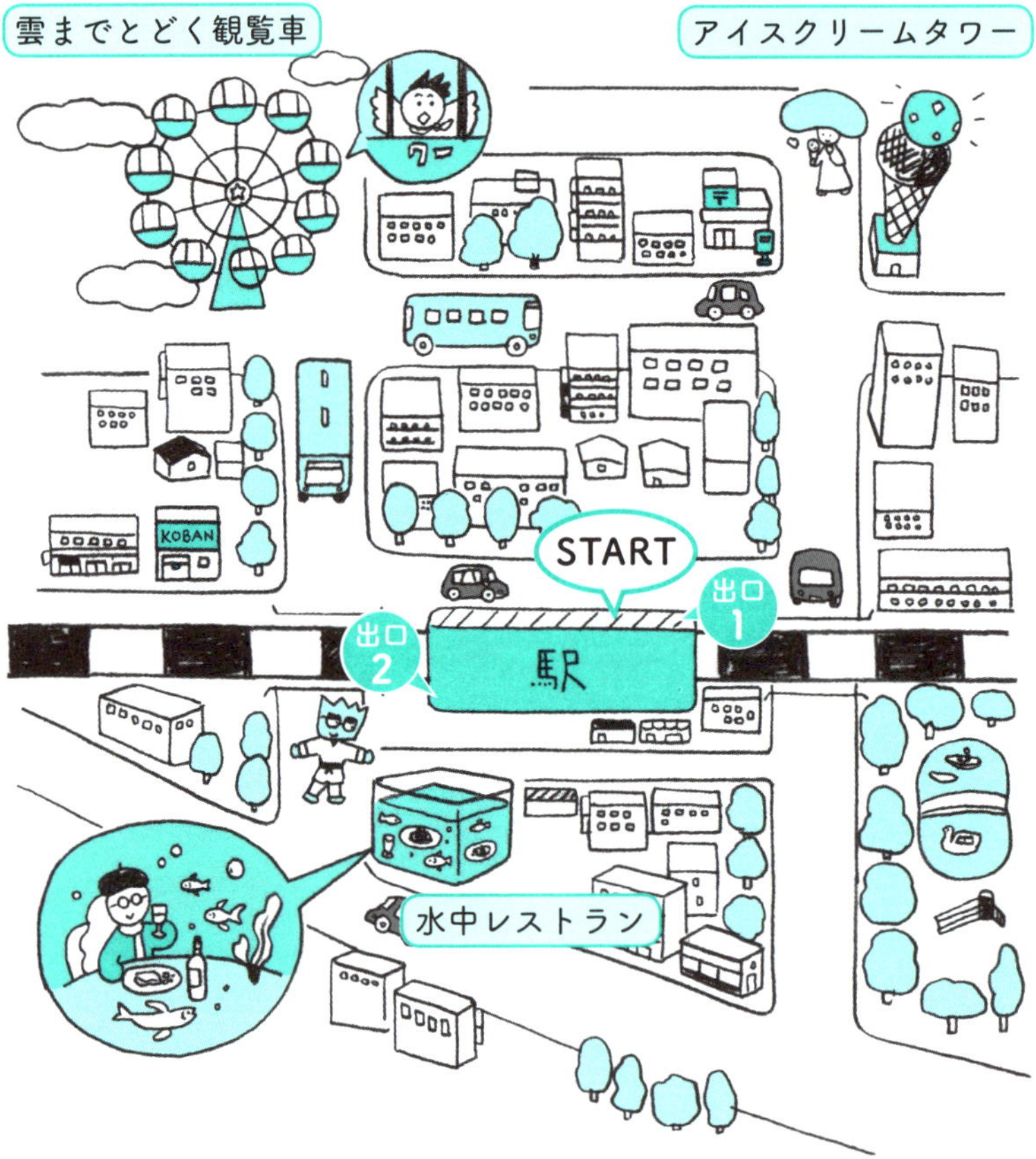

雲までとどく観覧車
アイスクリームタワー
KOBAN
START
出口1
出口2
駅
水中レストラン

## 道案内4つのポイント

**相手が迷わずにたどり着けるよう案内するには、次の４つのポイントを意識して伝えましょう。**

### 1 手段と所要時間を伝える

起点から目的地まで、「歩いて」または「電車とバスを使って」、「何分かかる」と伝えてあげましょう。

### 2 起点の場所をより明確に伝える

「○○駅」の「西口」や「2番出口」のように、スタートラインをはっきりさせましょう。

### 3 変わらない目印を伝える

信号の数や公共機関の建物など、いつも同じ場所にある目印を伝えると、誤解が起きにくくなります。

### 4 色や形の特徴を伝える

目印や目的地の色や形など、視覚的にわかりやすく、相手がひと目で見つけやすいような特徴を伝えましょう。

ミニGAME

### 自宅まで道案内

最寄り駅から自宅まで、
音声やテキストだけで
道案内をしてみよう。

Level ★☆☆☆☆

Time 30秒

# 02 立場と距離で会話が変わる

## GAME

## なりきりコミックライター1

例に示した吹き出しの形と意味を参考に、
それぞれのシチュエーションの
セリフを考えてみよう。

Level ★★☆☆☆

Time 1場面につき 1分

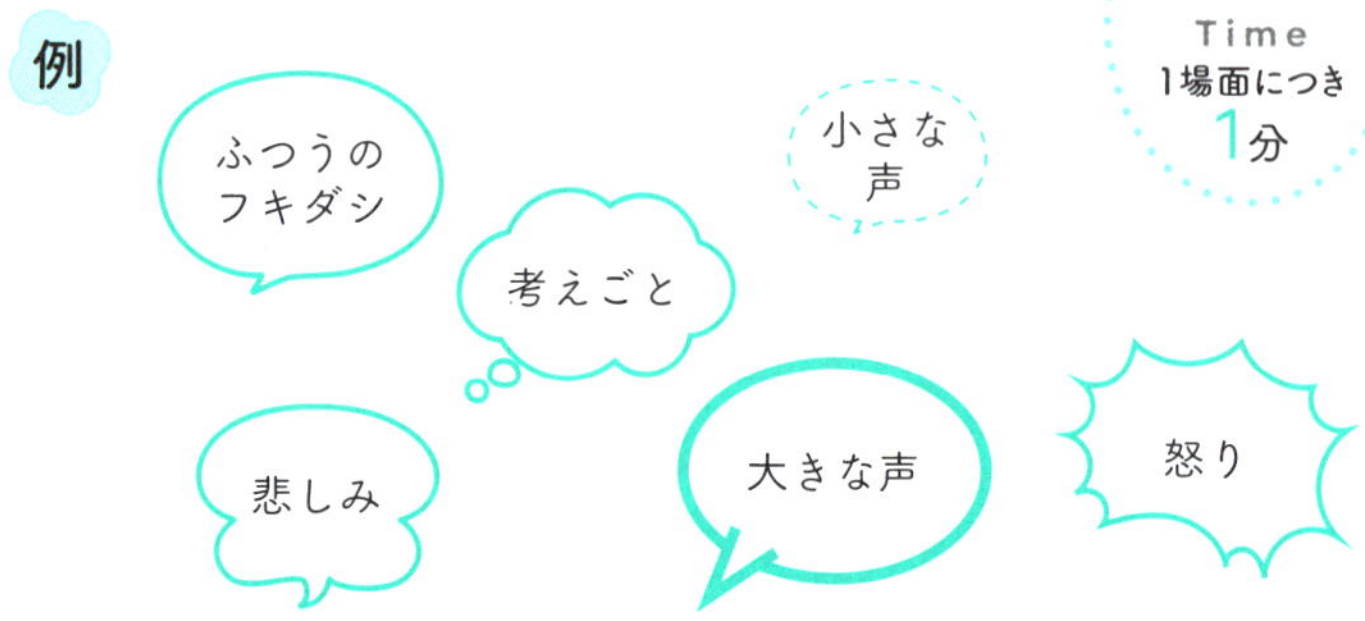

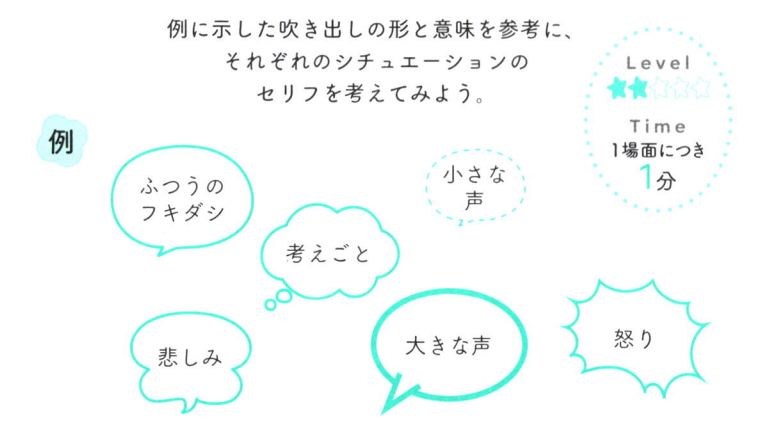

## キャラや状況の設定で、立場もセリフも変わる

思いや考えを相手に伝えるには、**相手の立場を想像して話す**ことが大切です。選ぶ言葉や、どこから説明すると理解してもらいやすいかなど、**伝え方が変わってくる**からです。その練習として、絵のキャラクターの気持ちや立場を想像して、セリフを考えてみましょう。

相手は誰か、雑談なのか相談なのか、と複数のパターンで考えてみると、セリフも変わってくるはずです。

# GAME

## なりきりコミックライター2

同じ場所に同じふたりが並んでいる。
ふたりの距離に合わせて、セリフを考えてみよう。

Level ★★☆☆☆

Time
1場面につき
15秒

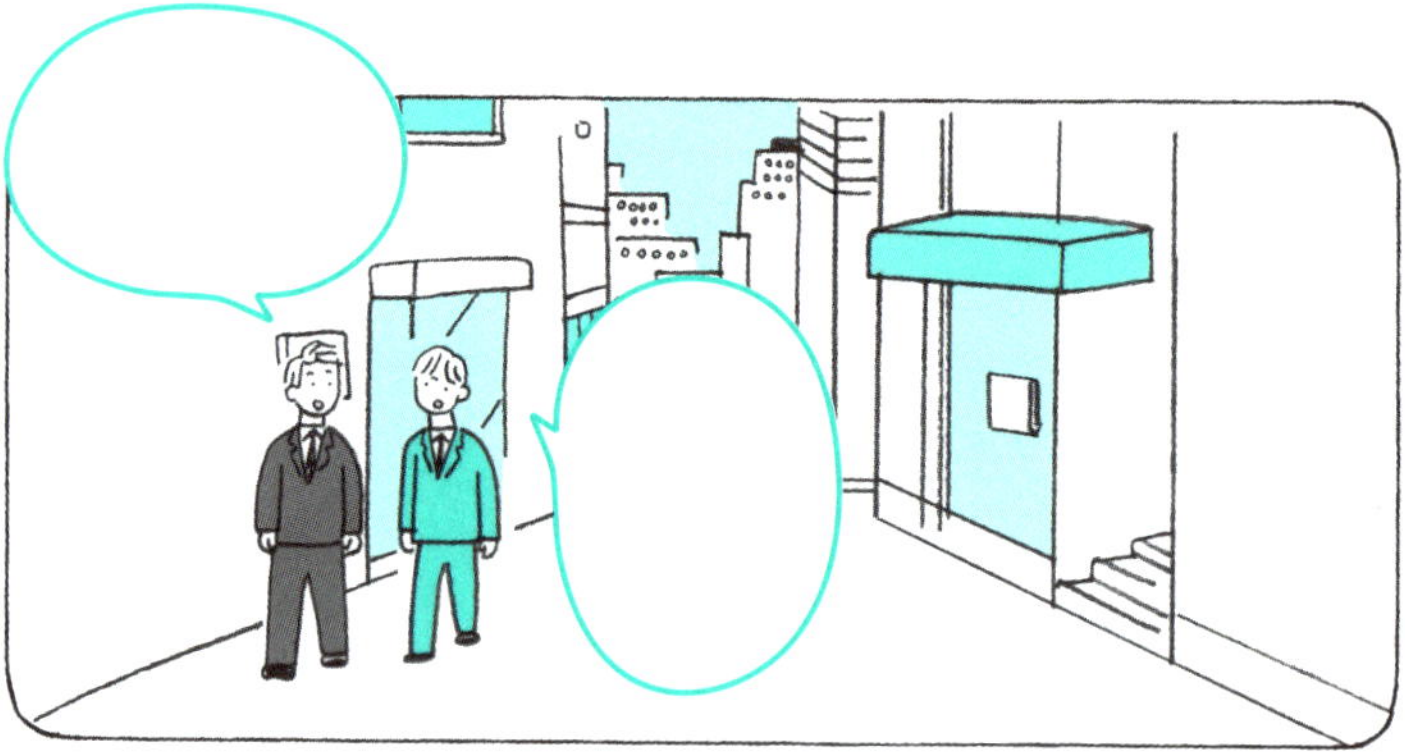

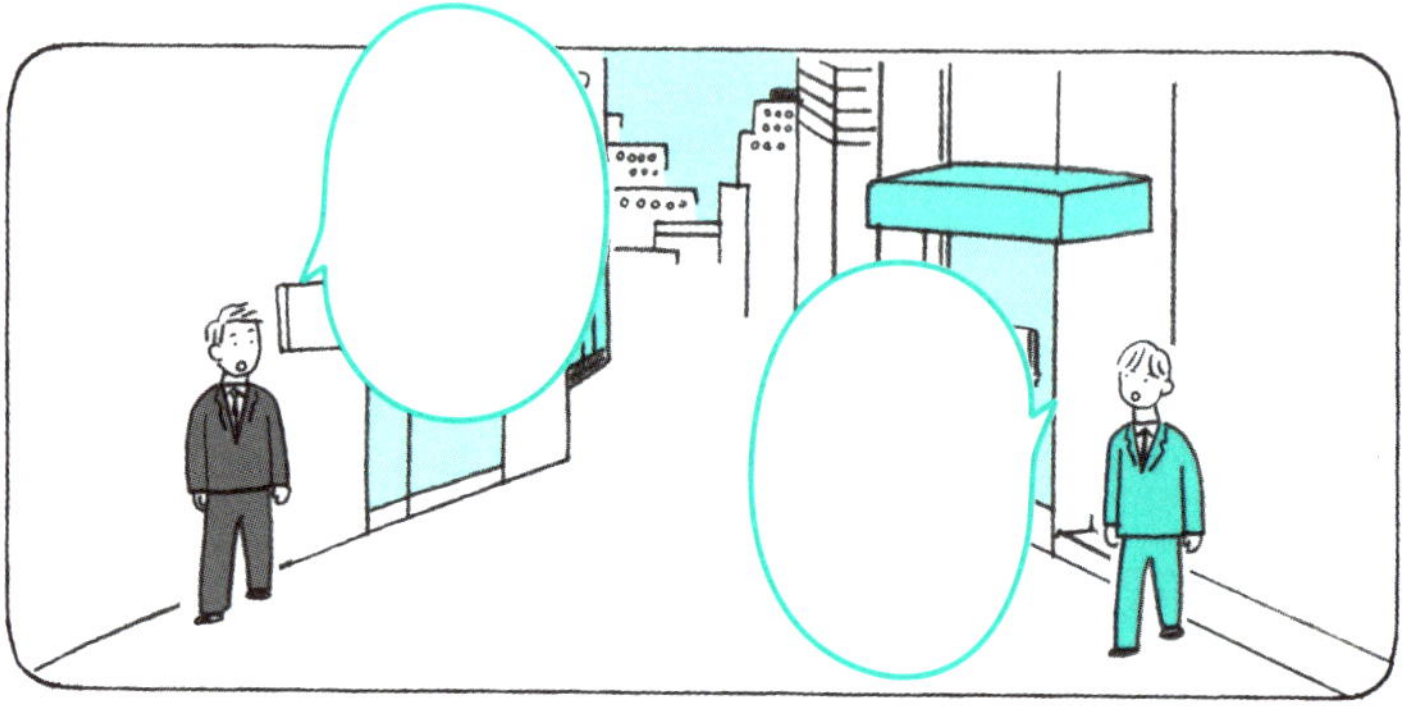

## 同じキャラでも距離の違いで話し方や内容が変わる

**距離**によって、**会話の内容**、**選ぶ言葉**、**声のトーン**は異なってきます。相手とふたりで近い距離でしか話さないこと、みんながいるなかで遠い距離でも相手に話せることがあるでしょう。
今度は同じキャラクターに対して、ふたりの距離の違いから、会話の内容を想像してみましょう。

# 03 伝わりやすい長さを意識する

## GAME
## 「ありがとうございます」×4

「ありがとうございます」を4回、
声に出しながら、書いてみよう。
40音の感覚を、目と耳で身につけて！

Level ★☆☆☆☆
Time 時間制限はなし

| | | | | | | | | | |
|---|---|---|---|---|---|---|---|---|---|
| あ | り | が | と | う | ご | ざ | い | ま | す |
| あ | り | が | と | う | ご | ざ | い | ま | す |
| あ | り | が | と | う | ご | ざ | い | ま | す |
| あ | り | が | と | う | ご | ざ | い | ま | す |

### 「ありがとうございます」4回分が言語化の目安

相手に伝わるように話すには、短く**40文字**で話す練習をしましょう。40文字は、ちょうど息継ぎをせずに一度に言える長さ。相手の頭に過不足なく入っていきます。**長く話すと相手に理解されにくい**のです。

40文字の呼吸が身につくと、話が長くなりそうなときにひと呼吸置いて区切る習慣がつき、伝わりやすい話し方になります。

GAME

## 40音ピタリ賞

Level ★★★☆☆

Time 30秒

今日のできごとを、音数は数えず、
でも「40音」を意識してまとめてみる。

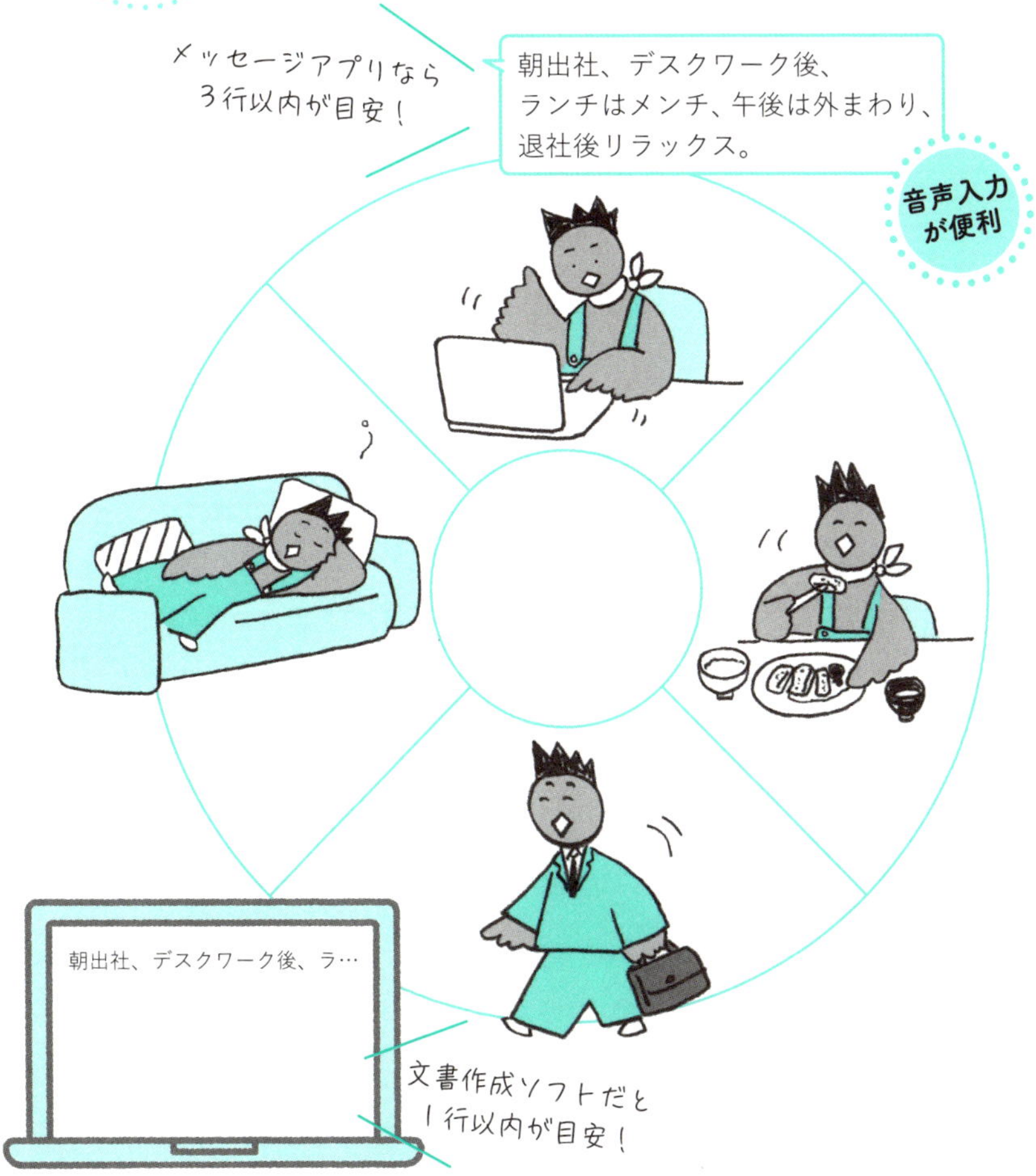
メッセージアプリなら
3行以内が目安！
朝出社、デスクワーク後、
ランチはメンチ、午後は外まわり、
退社後リラックス。
音声入力が便利
朝出社、デスクワーク後、ラ…
文書作成ソフトだと
1行以内が目安！

# 04 簡潔な話は印象に残る

## GAME

### 3点ウォッチング

ニュース1本、ドラマやアニメ1話を題材に、
その話のポイントを3つ見つけ、要約してみよう。

Level ★★☆☆☆

Time 30秒

例

**今回の大型台風は危険だ**

ポイント1
規模が大きい

ポイント2
速度がゆっくりなので大雨がつづく

ポイント3
新幹線や飛行機も止まる予定

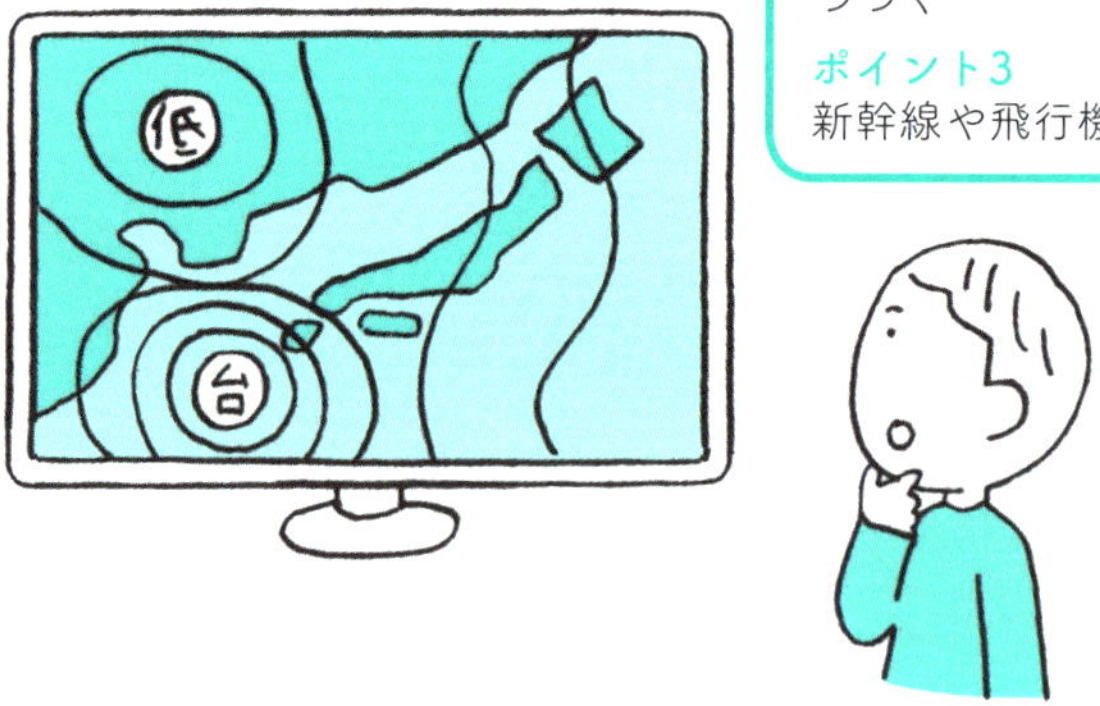


## この構造を意識!

伝えたいこと（主題）はひとつ。それを支える理由（ポイント）は3つ。この構造を意識することで説得力のある骨太な主張に。

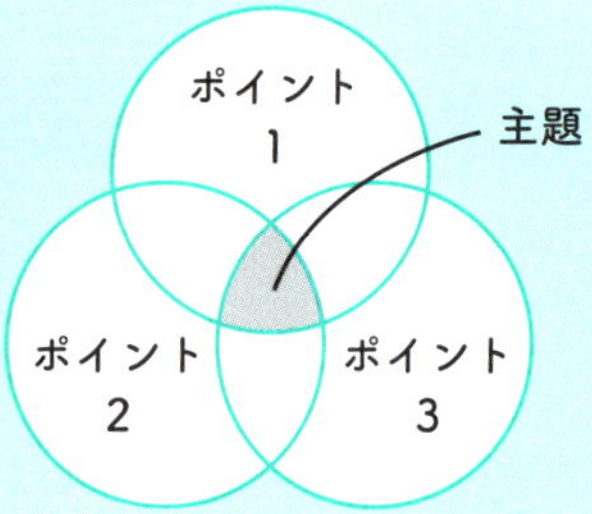

GAME

## 3点スピーキング

Level ★★☆☆☆

Time 30秒

週末のできごとを3つのポイントにしぼり、
友だちや同僚に話してみよう。

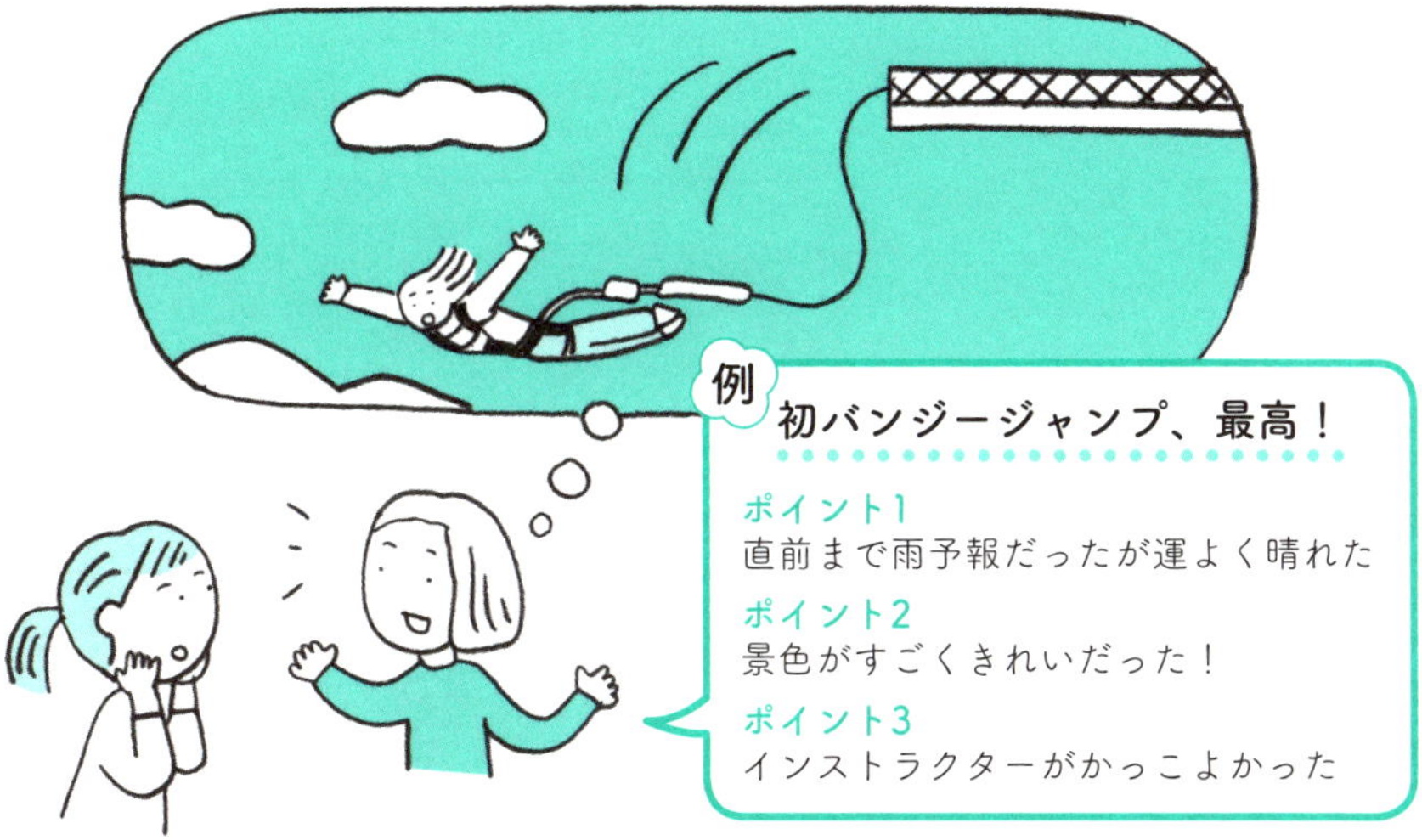
例
初バンジージャンプ、最高！
ポイント1
直前まで雨予報だったが運よく晴れた
ポイント2
景色がすごくきれいだった！
ポイント3
インストラクターがかっこよかった

### 聞くときも話すときも「3」がラッキーナンバー

人の話を聞くときも、自分が話すときも、いつも**「3つ」**を意識しましょう。

聞くときは、相手の話の中から役立つ情報を3つ覚えます。話すときは、自分の主張の理由を3つ提示する構成になるように、頭の中で話を組み立てましょう。

こうすることで、**話がまとまり、理解しやすく**なります。

# 05 「言わないこと」を意識する

## GAME
### 修羅場メーカー

Level ★★★☆☆

Time 1コマ 30秒

ヤバイ人になりきって、
相手との関係性を破綻させるような
NGワードをセリフで入れてみよう。

同僚みんなでランチ中

合コンの自己紹介で

息子が柔道の
大会で準優勝

ミスした後輩を
なぐさめる

部下を叱っている
と、ひとりが泣き
出した

GAME

# 「修羅場劇場」相関図

主人公はあなた。自分と周囲の人との相関図をつくり、
さらにその相手に対して言ってはいけないひとことを入れてみよう。

Level ★★★★★
Time 10分

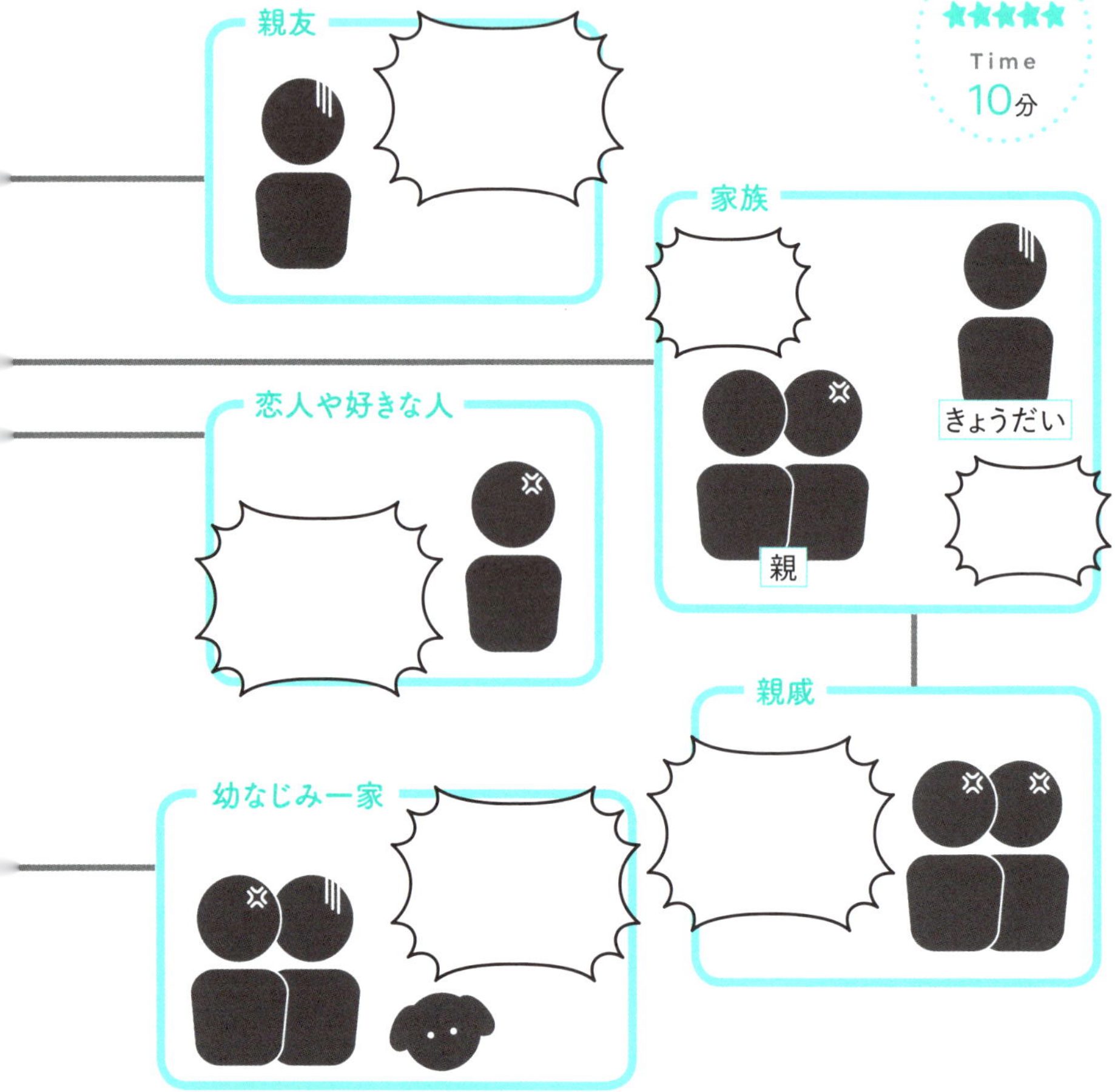

親友
家族
きょうだい
親
恋人や好きな人
親戚
幼なじみ一家

## NGワードを言葉にしておくことで地雷を避けられる

感情が高ぶると、そのとき頭に浮かんだ言葉を、考える前に言ってしまうことがあります。自分の意見を言うのが苦手な人は、「言ってはいけないことを言ったらどうしよう」という不安から、言葉を発することができなくなっていることも。先に頭の中で**「言わないこと」を決めておく**ことで、会話の不安が少なくなり、**怖がらずに話せる**ようになります。

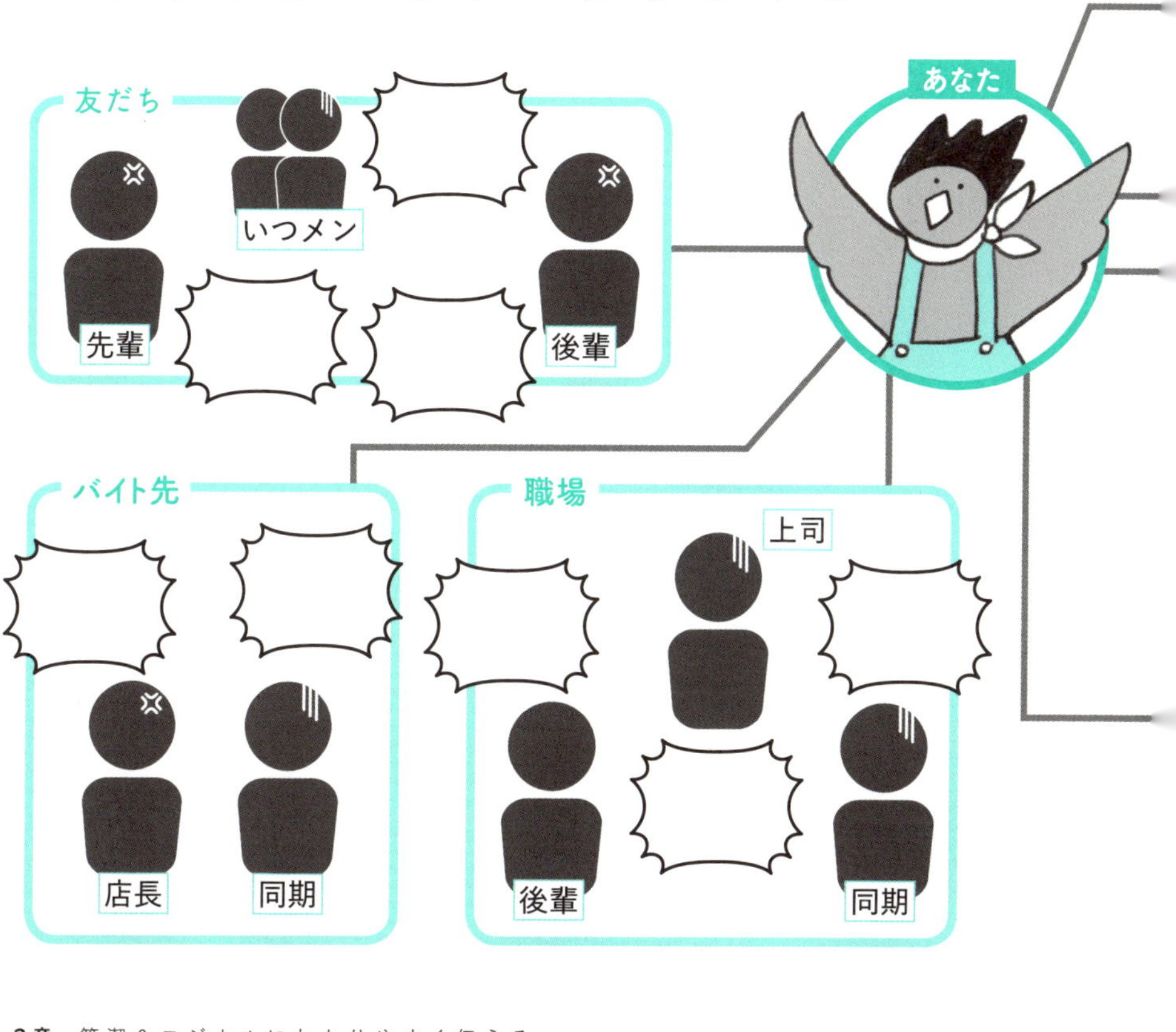
あなた
友だち
いつメン
先輩
後輩
バイト先
店長
同期
職場
上司
後輩
同期

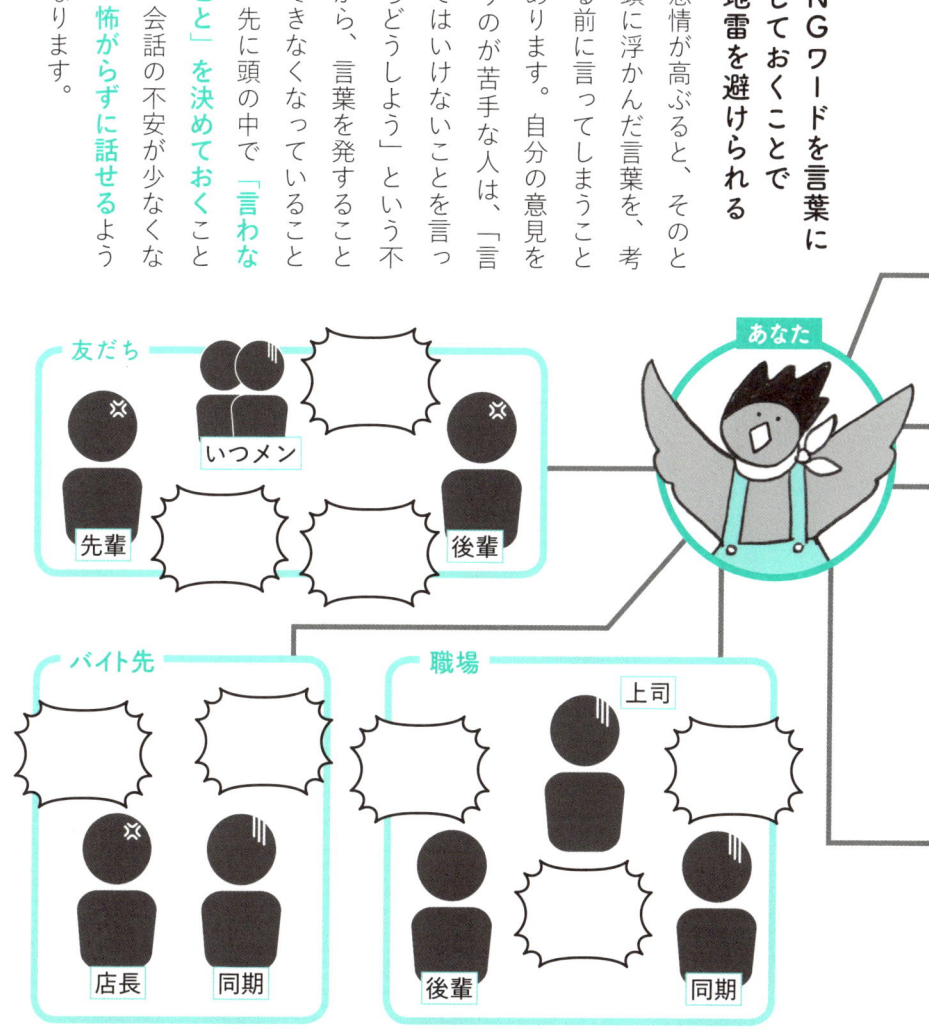

# 06 イヤなことをうまく伝える

## GAME

### ポポネポの法則

コンペで自分の案が採用されず、不服そうな後輩。
ポジティブ、ポジティブ、ネガティブ、ポジティブの順で
話をして、言いづらいことを伝えよう。

Level ★★☆☆☆

Time 時間制限はなし

1. ポジティブ

例）社内コンペの新企画、とても斬新で引き込まれた

2. ポジティブ

例）質疑応答の対応も落ち着いていて素晴らしかった

## 遠まわしな言い方で相手の心を開かせる

「ポポネポの法則」は、**対話・交渉をうまく進める**ためのテクニックです。はじめにポジティブなことを言うことで、相手に好意的な姿勢を示し、心を開いて話を聞いてもらいやすくなります。最後に再びポジティブなことを言うと、ネガティブな内容も前向きにとらえられるでしょう。否定的なことをうまく伝えれば、**自分も相手も気分よく**物事を進めることができます。

3. ネガティブ

例）ただ、ターゲット層がお題と少しずれていた

4. ポジティブ

例）次はそこを意識すると、必ず採用されるはず

# 07 深ぼり質問で関係を深める

GAME

## マッチングアプリ初デート

マッチングアプリではじめて会った子と仲良くなるために、
深ぼりの質問を各3つずつ想定してみよう。

Level ★★☆☆☆
Time ひとつにつき15秒

お兄ちゃんがいる
マイブームはワイン
犬が好き
バレーボール部だった
中学校・高校は女子校
Ex. 中学校それとも高校？
Ex. ポジションは？
Ex. 部活の仲間とはいまでも会う？

# 「タテ型ドリル質問法」

**ひとつの話題に対して質問を3回すると、会話が深まり相手の本音を聞き出すことができます。**

一問一答のように、自分の聞きたいことを思いつくままに質問してしまうと、相手は「本当に話を聞いてくれているのかな」と不安や不満に思い、会話を続ける意欲がそがれていきます。

人と話すときには、相手の言葉の中に出てきたフレーズを引用しながら、「それってどういうこと？」「なぜそう思うの？」など、背景や理由を深ぼりしましょう。

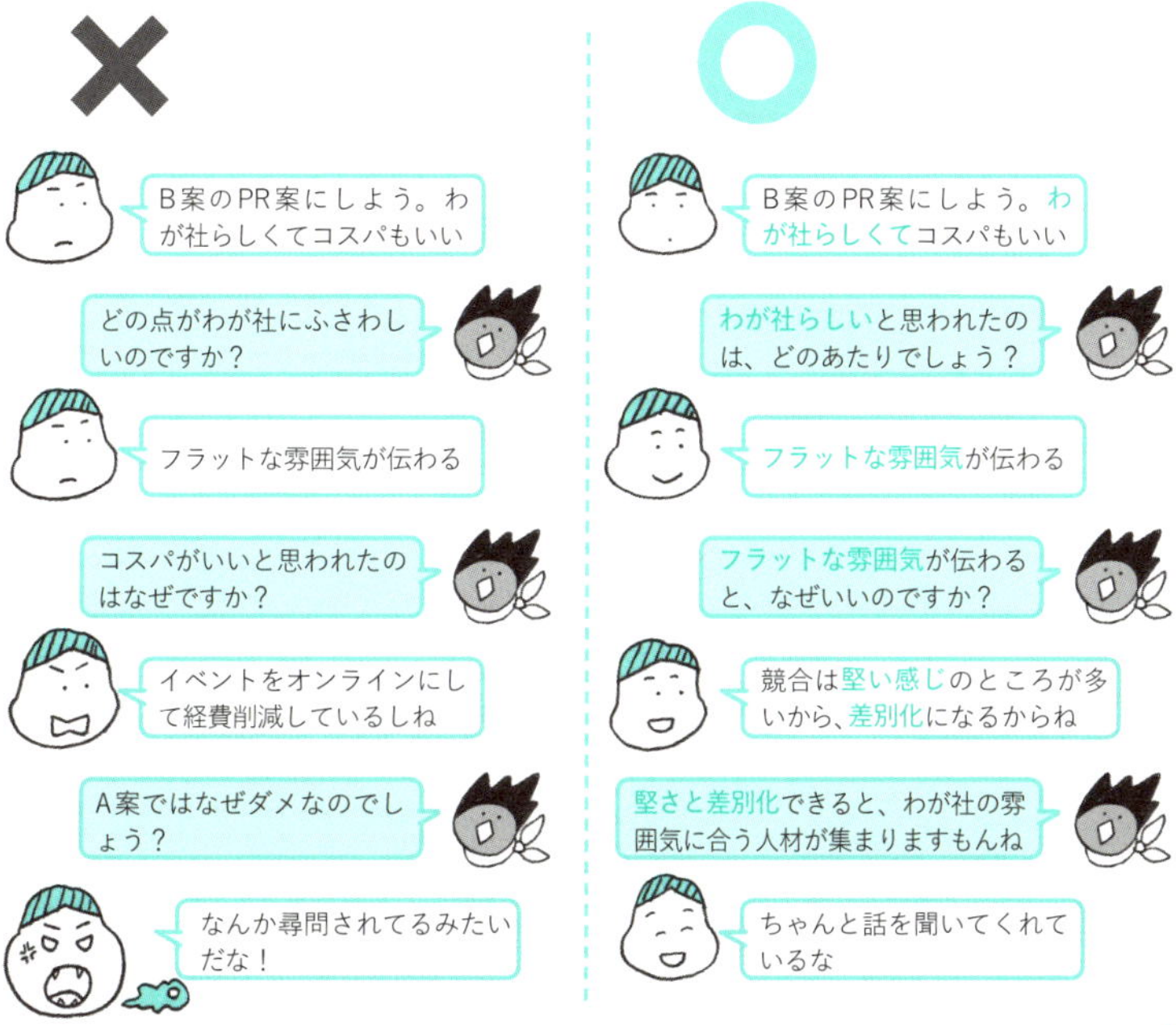

×
B案のPR案にしよう。わが社らしくてコスパもいい
どの点がわが社にふさわしいのですか？
フラットな雰囲気が伝わる
コスパがいいと思われたのはなぜですか？
イベントをオンラインにして経費削減しているしね
A案ではなぜダメなのでしょう？
なんか尋問されてるみたいだな！
○
B案のPR案にしよう。わが社らしくてコスパもいい
わが社らしいと思われたのは、どのあたりでしょう？
フラットな雰囲気が伝わる
フラットな雰囲気が伝わると、なぜいいのですか？
競合は堅い感じのところが多いから、差別化になるからね
堅さと差別化できると、わが社の雰囲気に合う人材が集まりますもんね
ちゃんと話を聞いてくれているな

# 08 スマートに相手の情報を引き出す

## GAME

### 敏腕記者の切り込みクエスチョン

「なぜ」「どうして」を使わずに、
3つの答えを聞き出すには、
なんと尋ねたらよい？

Level ★★★☆☆
Time ひとつにつき 15秒

うちの店のこだわりは
伝統の技法を守りつつ、
未知でユニークな寿司を
提供しつづけること

**Q1** ?

**A** 創業から伝わる
シャリの味

**Q2** ?

**A** 最近では、
“ラタトゥイユ寿司”
がヒットした

**Q3** ?

**A** 日本酒の豊富な
品ぞろえも
こだわり

# 「切り込みキラーワード」

**3つのキラーワードを使うと、**
**会話が途切れることなく沈黙を避けられます。**

相手の話が抽象的だったり、あいまいな内容だったりすると、こちらも的を射た質問がしにくいことがあります。

そんなときは、3つのキラーワード「具体的に」「たとえば」「このほかに」で、さりげなく詳細を引き出しましょう。

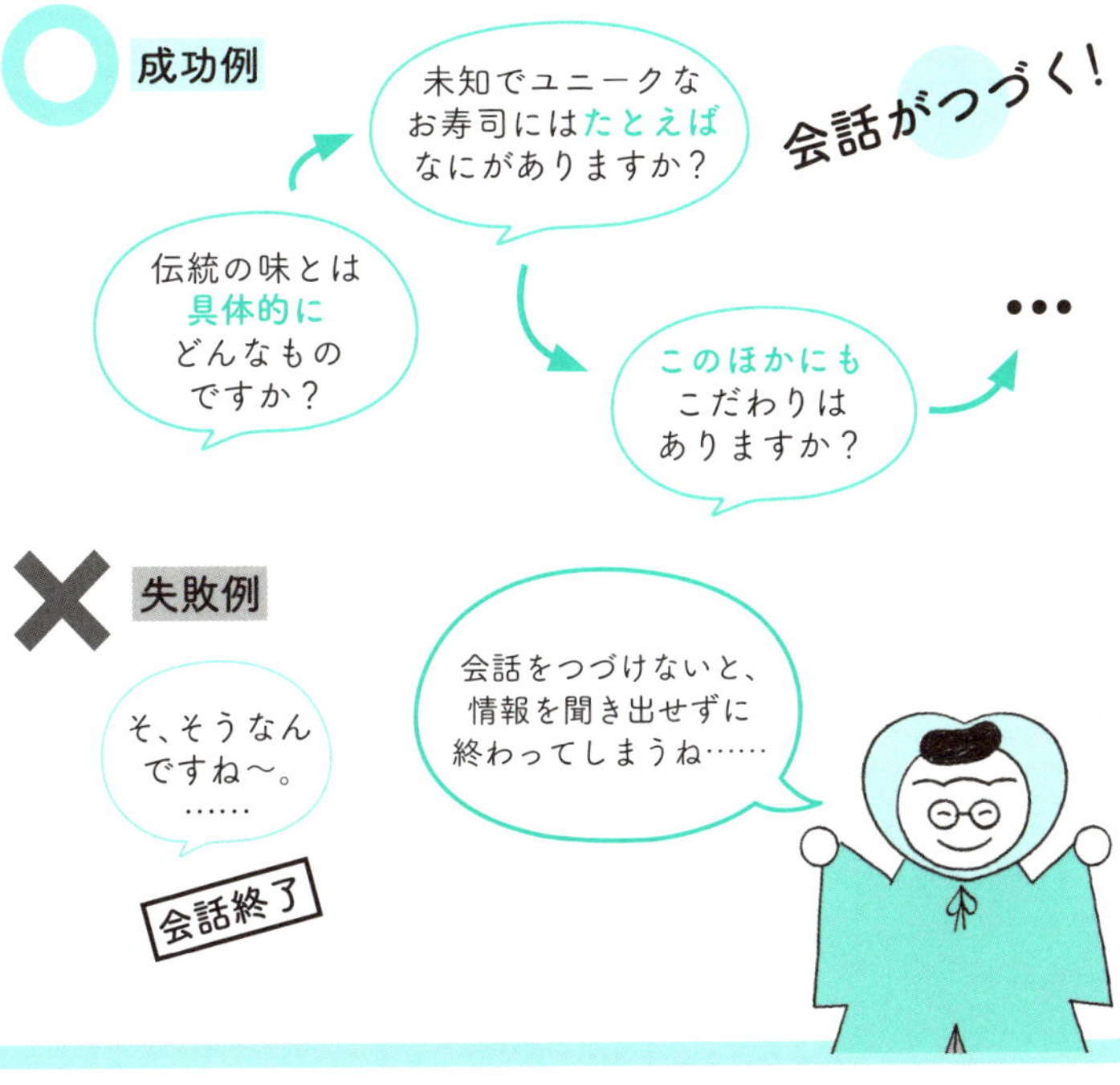

成功例
伝統の味とは具体的にどんなものですか？
未知でユニークなお寿司にはたとえばなにがありますか？
会話がつづく！
このほかにもこだわりはありますか？
…
失敗例
そ、そうなんですね～。……
会話終了
会話をつづけないと、情報を聞き出せずに終わってしまうね……

Column

# 詩のリズムにのせると、言葉がすらすら出てくる

詩の朗読や創作は、言語化のトレーニングにおすすめです。詩にはリズムがあります。いろいろな詩を繰り返し朗読して、自分の好きなリズムを見つけてみましょう。わたしのおすすめは、中原中也さんの「汚れつちまつた悲しみに……」。規則正しい七五調のリズムにのせて心情を吐露する詩です。繰り返し読んで、自分の中に日本語のリズムができてくると、だんだんとそれに合わせた言葉や文章が出てきます。リズミカルな文章をつくる練習をしているうちに、話すことも上達していきます。

また、好きな詩を自分の好きな言葉に変えて、詩をつくってみるのもよいでしょう。たとえば、谷川俊太郎さんの詩「生きる」。この詩は、「生きているということ」のあとに、「それはのどがかわくということ」「木もれ陽がまぶしいということ」のように、作者にとっての「生きる」を象徴する言葉が並べられています。そこで、「それは○○」の部分を自分の好きな言葉に変えてみましょう。すると、自分が思う「生きる」が定義づけられ、考え方や意見に自分らしさが出てきて、自分の言葉で語ることができるようになっていきます。ちょっと気取ったことも、詩人になったつもりでつぶやいてみましょう。

# 4章

# 自分軸をつくり素直にごきげんに生きる

「なにが好き？」
「なにがしたい？」と聞かれても、
パッと言葉にできません。
好きなことも、やりたいことも
ないわけではないけれど……。
なにかを決めるのが苦手です。
目標を立ててがんばる人を見ると、
わたしには無理って
思っちゃいます。

まずは自分の声に耳を傾け、
言葉に直すところから
始めてみよう。

やりたいことや好きなものを聞かれたときに言葉にできないのは、自分で自分のことがわかっていないからかもしれません。まずは、日常で感じる自分の心の声を、どんどん言葉に出して書いたり言ったりすることから始めてみましょう。自分はなにが好きなのか、なにをやりたいのか、普段からどんどん言葉にして表す習慣をつづけていくと、だんだんと自分のことがわかってきて、大切にしたいことや、この先の目標が見えてくることがあります。

たとえば、心の声を文字にして表すと、自分自身のことを、距離を置いて客観視できるようになります。自分の思いや考えをあらためて認識することになり、自然と少しずつ行動も変わってきます。新たなチャンスやうれしいお誘いなどの、いい流れを引き寄せることにつながるでしょう。毎日「ごきげん」に過ごすことができます。

やりたいことや好きなものを見つけるには、自分の過去を振り返ることもヒントになります。過去のできごと、感じたことなどの記憶を明確にしていくと、経験をもとにした借り物ではない自分の思いや考えが浮かび上がってきます。自信をもって、なにかを決めたり、目標を立てたり、人に伝えたりすることができるようになります。

# 01 「ごきげん」は習慣でつくられる

## GAME
## 毎朝七夕たんざく

TO DOリストの代わりに、毎朝「こんな一日になったらいいな」の願いごとを付箋に書いて見えるところに貼ろう。

Level ★☆☆☆☆

Time 時間制限はなし

おやつになに食べたい？
ランチどこに行きたい？

### 子どもの頃に戻った気分で願いを口にする

やりたいことを言葉にする練習で、毎朝、**「今日はどんな一日にしたいか」**を書き出してみましょう。

大人になって願いごとを言おうとすると、「幸せでいられますように」のように抽象的な言葉になりがちです。ここでは、子どもに戻り、七夕の短冊に願いを書くような気持ちで、**日常にある身近な願いを具体的**に書くことがポイントです。

「わざわざ言葉にしなくてもいいのでは？」と思うほど些細なことで大丈夫。シンプルに書きましょう。

たとえば「カレーが食べたい」でもＯＫ。小さな願いをひとつひとつ言葉にすることから始めましょう。願いを書き出す習慣をつけると、自分の**やりたいことを明確に認識できる**ようになってきます。

# 02 苦労・失敗こそトークの華

GAME

## 100文字ネタ帳づくり

失敗談や苦労話を100文字程度にまとめる。
80文字がエピソード、
後半20文字を教訓でまとめると◎。

Level ★★☆☆☆

Time 時間制限はなし

新人時代
家族関係
仕事
友人関係
遅刻
今週のやらかし
SNS
飲み会
忘れ物
失敗談、ある、ありすぎる……！消したい記憶がよみがえる～！
あるよねぇ

例

**失敗談** 80文字

新人時代、受注した仕事の契約書を電車の網棚に置き忘れた。遠い終着駅へ運ばれて、取り戻すのに時間がかかったため、契約の手続きが遅れ、取引先に迷惑をかけてしまった。

**失敗から学んだこと** 20文字

替えがない大切なものは手から離さない。

## スマホにためて、ときどき話題を入れかえる

自分の話をするときのひとつの方法に、**失敗談**を話すということがあります。

失敗談には、その人の経験や〝人間味〟がにじみ出てきます。人間味が見えると、**好感や親近感**をもってもらいやすくなります。さらに、失敗談と教訓をセットにすると、前向きな会話になります。エピソードのストックをつくり、新鮮な話題になるようにときどき入れかえることを心がけましょう。

GAME 03

# 思いやりが交渉力を高める

## レポート＋ラポート・トーク

人に依頼するとき、事実だけを並べたレポート・トークに、
相手の情緒や感情に働きかける
ラポート・トークを加えてみよう。

Level ★★☆☆☆

Time 時間制限はなし

例

●事実だけ（レポート）

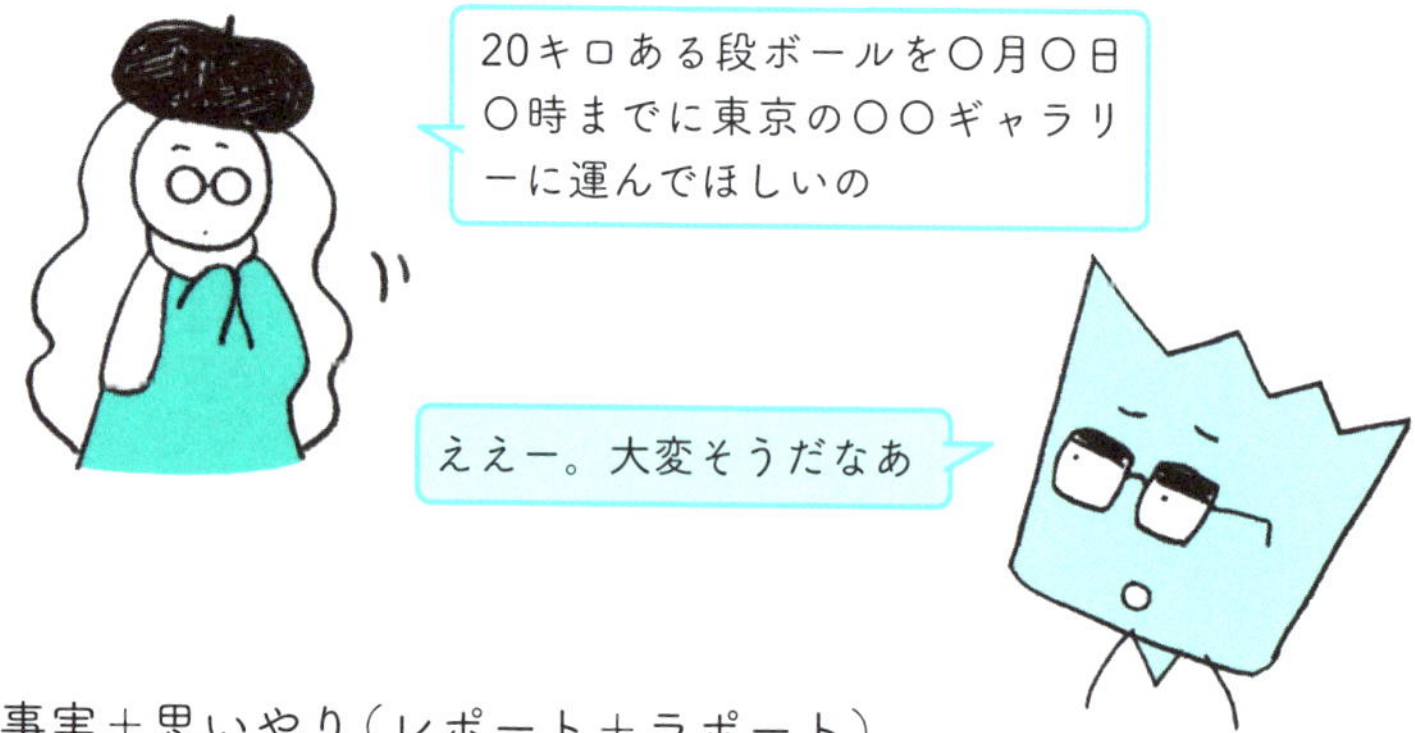

20キロある段ボールを○月○日○時までに東京の○○ギャラリーに運んでほしいの
ええー。大変そうだなあ


●事実＋思いやり（レポート＋ラポート）

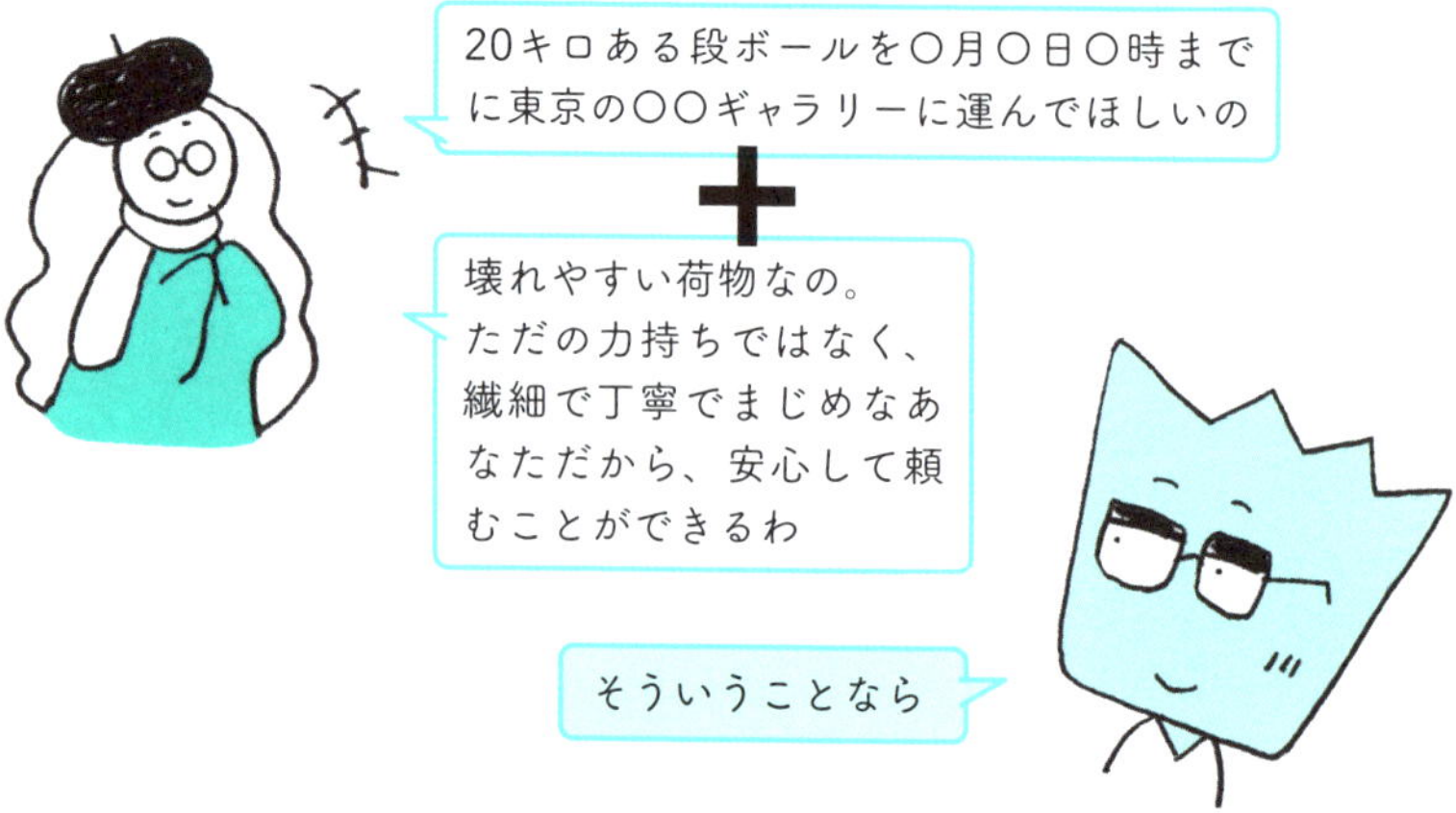

20キロある段ボールを○月○日○時までに東京の○○ギャラリーに運んでほしいの
＋
壊れやすい荷物なの。ただの力持ちではなく、繊細で丁寧でまじめなあなただから、安心して頼むことができるわ
そういうことなら

**Try!**

今度、わたしの友だちを紹介するよ！一緒に遊園地に行こうよ
ええっ。はじめましてで遊園地……？
ラポート・トークを考えて！
そうなんだあ。お話ししてみたいな
今度、イベントのMCをお願いできない？　日曜の朝5時集合で、21時頃解散の予定
朝早っ！　まず、ぼくMCなんてやったことないよ
ラポート・トークを考えて！
そうかそうか、じゃあやってみるよ！

## 信頼関係を築くと人はスムーズに動いてくれる

対話や交渉では、自分の主張を相手に理解してもらい、動いてもらうことが重要です。そのためには、相手の**情緒や感情に働きかける**「ラポート・トーク」を織り交ぜましょう。相手を思いやる言葉を一緒に伝えることで、**相手との信頼関係**を築き、交渉ごとをうまく進めることができます。

事実を述べる「レポート・トーク」のあとに添えるのが効果的です。

# 04 相手の長所に目を向ける

GAME

## 言いかえマジック

カタブツさんの短所を、長所に言いかえて！
一見欠点に思える部分も、とらえ方しだい。

Level ★★☆☆☆
Time 30秒

## ポジティブな言葉で自分も相手もごきげんに！

誰でも無意識に人の短所が目につきがちです。これは、相手を敵か味方か判断しようとする防衛本能だと言われています。しかし、短所ばかり見ていると、ネガティブな見方や考え方が習慣になってしまいます。

そこで、**相手の長所を探す**練習をしましょう。長所に目を向けると、**考え方や話す言葉もポジティブに。**自分も相手も明るく前向きな気持ちになります。

Ex.
芯がある
わー
かっこいい〜♡
すてき!!
グッド

05

# 「自分軸」を発見する

GAME

## エピソードノート

ノートの右側にその年の社会的なできごとを、
左側にあなた個人のできごとを書く。
最近からスタートし、自分が生まれた年までさかのぼろう。

Level ★★★★☆

Time 時間制限はなし

西暦

2023年

その年の社会的なできごと

- WHOがコロナウイルスパンデミックの終息を宣言
- 外国人観光客の受け入れ再開
- 生成ＡＩが一般的に普及
- ロシアのウクライナ侵攻がつづく
- 物価の高騰

⋮

## "自分らしさ"を理解するとブレない人生に

自信をもって自分のやりたいことや考えをもてるようになるには、**"自分らしさ"を理解する**ことが大切です。いまの自分は過去の積み重ねです。過去の自分を振り返ることで、そのときどきのできごとに**共通する軸**が見えてきます。そこから、自分の考えや価値観を認識することができます。

　自分の経験に基づく"自分らしさ"は、迷ったときの助けになるでしょう。

当時のあなたの年齢
23歳
その年にあなたに起きたこと、感じたこと
仕事ではじめての後輩ができた
先輩
久しぶりの街のにぎやかさに驚いた
新しい趣味を見つけた
次ページにノートのフォーマットがあるよ。コピーして使ってね

＿＿＿＿＿年

歳

# GAME

## わたしの10エピソード

エピソードノート（P84）のあなたのできごとのうち、
とくに印象的なもの、考え方の基盤になったもの、
人生の転機になったことなどを、10個書き出してみよう。

Level ★★☆☆☆
Time 時間制限はなし

1. 妹が生まれ、父母が忙しくなり寂しかった（2004年４月）
2. ペットショップで一目ぼれした柴犬を飼い始めた（2007年10月）
3. 父の転勤の都合で転校することになり大泣き（2009年3月）
4. 結局１年で父がまた転勤になり、帰ってくることに（2010年3月）
5. 中学校の部活で、厳しい先輩に目をつけられる（2012年6月）
6. 高校で演奏会のリーダーになって大忙し（2016年9月）
7. 卒業式で告白し、失恋する（2018年3月）
8. ウクレレと出会い、毎日５時間練習する（2019年8月）
9. 就活がうまくいかなくて落ち込む（2021年７月）
10. デザイン事務所に内定をもらい就職を決める（2021年10月）

GAME

# わたしブランディング

Level ★★★☆☆

Time 時間制限はなし

自分を動詞で表現するとしたらなんだろう？
エピソードノートを参考に考えてみよう。

わたしらしさとは
奏でることです
まわりの人と協力してなにかするのが好き
音楽で自分を表現するのが好き
人と人のあいだを取り持つことが多い

## ひとことで自分を語れるとインパクト大

自分らしさが見えてきたら、**自分をひとことで表現**してみましょう。

まずはいまの自分を表すのに最もふさわしい動詞をひとつ選びます。そして、その動詞から連想される具体的な経験談やエピソードをつなげていくと、自分の核となる**価値観や行動指針**が見えてきます。

自分がどんな人かを伝えるときにも、**相手に対して印象づける**ことができます。

# 06 なりたい自分を思い描く

## GAME

### 未来シミュレーション

理想の暮らし、仕事でのキャリア、達成したいことなど……。
5年後、10年後の未来、
どんな自分になっていたいか考えてみよう。

Level ★★★★☆

Time 時間制限はなし

**5年後** 　　　歳

**10年後** 　　　歳

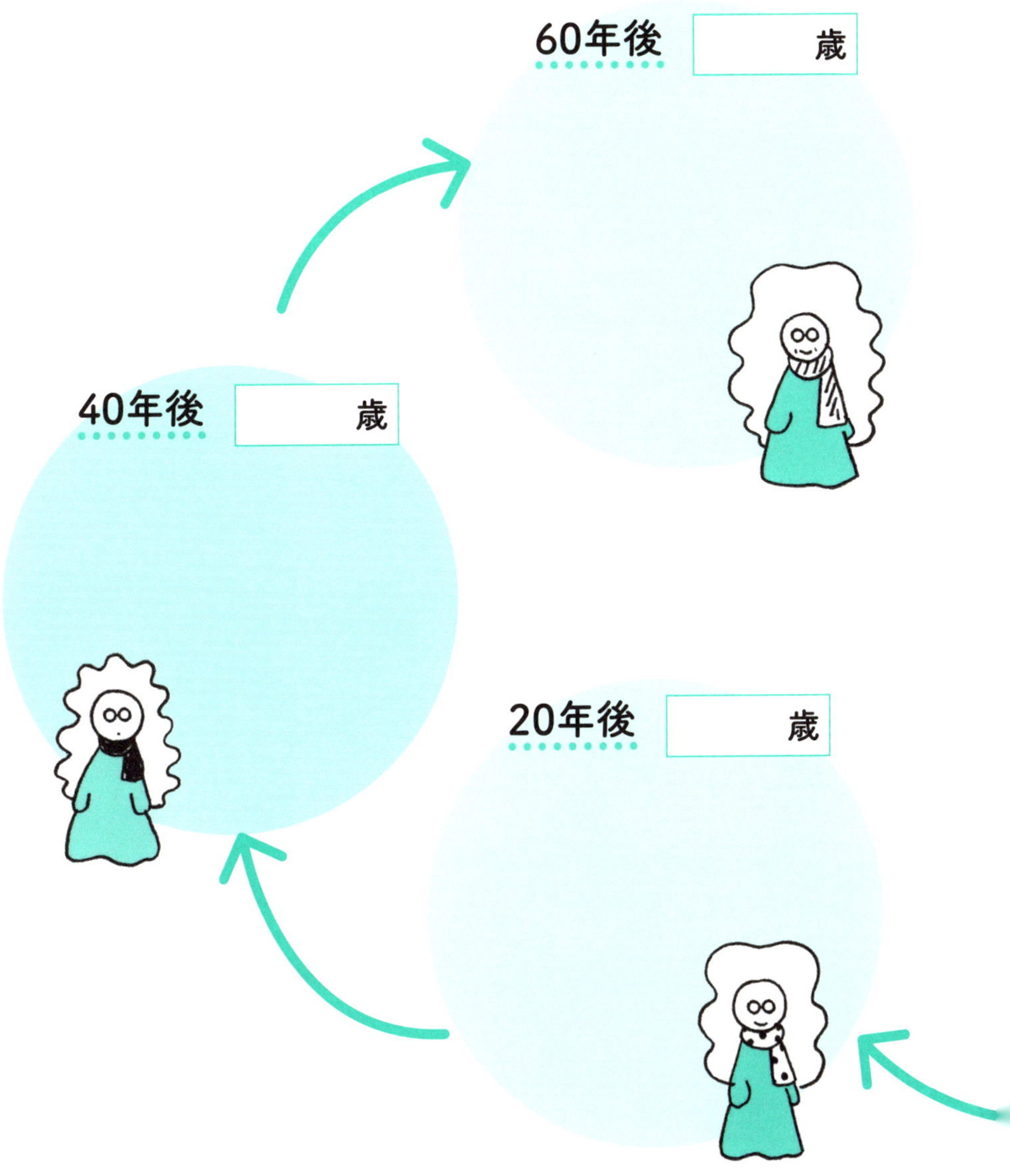
60年後
歳
40年後
歳
20年後
歳

GAME

## 理想の自分像

あなたの銅像が建てられることになった。
碑文に刻む言葉を考えよう。

Level
★★★☆☆

Time
時間制限はなし

もじもじ
モジモジ像
友だち1000人作った
カタブツ
カタブツ像
国際弁護士として働いた
おしゃべり
おしゃべり像
伝説のラジオパーソナリティ

## 「志」をもつと日々の行動も人生も変わる！

将来、自分の銅像が建てられたら、碑文《ひぶん》にはなんと刻まれたいでしょうか。

それは**自分の理想の姿**であり**「志」**です。人生の「志」をもつと、自分のやりたいことが浮かび上がってきます。なりたい姿からさかのぼっていまを見つめることで、自分にとってなにが幸せなのか、一日一日をどう過ごすかを考えるようになり、**行動がより意味をもつものに**変わります。

あなたの理想像
ふわふわ
ふわふわ像
世界的に
有名な
ウクレレ奏者

# おわりに

「絵本のようにイラストを入れて、言語化力を強くする本をつくりませんか」とふたりの女性がわたしの事務所にやってきたのは、今年の春でした。「言語化」に関する本だけではなく、認知症や心理学の本、絵本などに囲まれながら、幾度となく打ち合わせをする。わたしがアイデアを出すと、すぐ横でかわいいイラストが描かれていきます。鉛筆描きされた大きな花束や漫画の吹き出しの数々。それを眺めてブレストを重ねていきました。実に楽しい作業でした。わたし自身、脳みそが活性化されていく時間でした。

この機会を与えてくれた幻冬舎の鈴木恵美さん、オフィス２０１の和田さや加さん、小川ましろさん、ありがとうございました。普段の執筆と違って、わたし自身もどんな絵本に仕上がるのかワクワクする

ことができました。また、いつもわたしにアドバイスをくれる大阪芸術大学の上原響さんに感謝。あなたの言葉が文中にちりばめられています。また、今年92歳になる母。最近のできごとからわたしの高校時代のエピソードまで、即座に言語化できる能力に敬服です。その血を受け継げたことを心から感謝しています。

ＩＴテクノロジーばかりが進んで、人間の心も体も置き去りにされつつある昨今。便利になりすぎた結果、わたしたちは考えることも、言葉を発することも億劫になっています。だからこそ、この本を通じて脳みそがもやもやする「言葉の便秘」が解消され、毎日、気持ちよく言葉がするっと出るようになってもらえたら嬉しいです。

なにより最後まで、読んでくださったあなたに、心より御礼申し上げます。

ありがとうございました。また、お会いしましょう。

## ひきたよしあき

スピーチライター、コミュニケーションコンサルタント。株式会社SmileWords代表取締役。

1984年、早稲田大学法学部卒。学生時代より『早稲田文学』学生編集委員を務め、NHK「クイズ面白ゼミナール」では鈴木健二氏に師事し、クイズ制作で活躍。

博報堂に入社後、クリエイティブディレクターとして数々のCMを手がける。政治、行政、大手企業などのスピーチライターとしても活動し、多くのエグゼクティブから指名が殺到する。

現在は、(株)SmileWordsを設立し講演活動を行うほか、大阪芸術大学、明治大学、慶應丸の内シティキャンパス(慶應MCC)などで教壇に立ち、多くの学生や社会人から支持を集める。また、教育WEB「Schoo」では毎回事前予約が約2万人となる人気を誇る。

著書は現在24冊、累計33万部。『博報堂スピーチライターが教える 5日間で言葉が「思いつかない」「まとまらない」「伝わらない」がなくなる本』(大和出版)は、若手ビジネスマンのバイブルとなっている。



# モヤモヤをするっと言葉にする
## 言葉の便秘をなくす言語化ゲーム

2025年1月10日　第1刷発行

著 者
ひきたよしあき

発行人　見城 徹
編集人　福島広司
編集者　鈴木恵美

発行所
株式会社 幻冬舎
〒151-0051 東京都渋谷区千駄ヶ谷 4-9-7
電話：03(5411)6211(編集)
03(5411)6222(営業)
公式HP:https://www.gentosha.co.jp/

印刷・製本所
近代美術株式会社




ISBN978-4-344-04394-7 C0095


この本に関するご意見・ご感想は、下記アンケートフォームからお寄せください。
https://www.gentosha.co.jp/e/

GENTOSHA